ANDREAS BAUER (HRSG.)

SUCCESS 2000 +
ERFOLGSSTRATEGIEN IN DER BEKLEIDUNGSBRANCHE

ANDREAS BAUER (HRSG.)

SUCCESS 2000 + ERFOLGSSTRATEGIEN IN DER BEKLEIDUNGSBRANCHE

Deutscher Fachverlag

Die Deutsche Bibliothek – CIP-Einheitsaufnahme

Success + Erfolgsstrategien in der Bekleidungswirtschaft / Andreas Bauer (Hrsg.) –
Frankfurt am Main : Verl.-Gruppe Dt. Fachverl., 2000
   (Textilmarketing)
   ISBN 3-87150-701-6

Redaktionsschluss: April 2000
ISBN 3-87150-701-6
ISSN 1436-6711
© 2000 by Deutscher Fachverlag GmbH, Frankfurt am Main.
Alle Rechte vorbehalten.
Nachdruck, auch auszugsweise, nur mit Genehmigung des Verlages.
Umschlag: Bayerl & Ost, Frankfurt am Main
Satz: TypoForum GmbH, Nassau
Druck und Bindung: Lengericher Handelsdruckerei, Lengerich

Vorwort

Kaum eine Branche hat in den vergangenen Jahren einen so tief greifenden Strukturwandel erlebt wie die Bekleidungsbranche. Die Hersteller mussten früher oder später das deutsche Feld räumen und die zu teuer gewordene Produktion in das kostengünstigere Ausland verlagern. Zunehmend wettbewerbsfähige Standorte außerhalb Deutschlands haben dazu beigetragen, dass die Durchschnittspreise vieler textiler Warengruppen im Einzelhandel seit Jahrzehnten stagnieren und teilweise sogar rückgängig sind. Die Produktion in Deutschland hat heute bis auf wenige Ausnahmen nur noch Bedeutung in der Musterproduktion und als Notnagel für brandeilige „Feuerwehraufträge" des Handels – Tendenz sinkend.

Die Hersteller hatten den Strukturwandel gerade weitgehend überwunden, da änderte sich das Konsumentenverhalten grundlegend. Der Anteil der Bekleidungsausgaben am verfügbaren Einkommen der Endkunden sank strukturell, d. h. auch in Hochkonjunkturen. Gleichzeitig wurden die Anforderungen der Konsumenten immer differenzierter. Über künftige Produkttrends und Käufertypen gibt es heute lediglich extrapolierte Hochrechnungen eines Status quo, der sich jeden Tag wieder ändert.

Die Anforderungen der Konsumenten zwangen den traditionellen Fachhandel, von seinem klassischen Zwei-Saison-Schema abzurücken. Immer mehr Kollektionen pro Jahr in immer kleineren Stückzahlen stellten damit die Hersteller vor ganz neue Herausforderungen. So änderten sich in fast allen Unternehmen die Anforderungen an Kollektionserstellungs-, Musterungs-, Produktions- und Vertriebsprozesse komplett. Viele Hersteller haben jedoch ihre Prozesse heute noch nicht an diese neuen Anforderungen angepasst. Wenn sich aber die Prozesse des Warenflusses ändern, dann hat dies auch Auswirkungen auf die EDV-Systeme. Fast jedes Unternehmen ist in diesen Tagen mit der oft schmerzhaften Umstellung auf leistungsfähigere Warenwirtschaftssysteme beschäftigt, die die neuen Prozesse abbilden und unterstützen sollen.

Dem Handel ist es nicht besser ergangen. Bei abnehmenden Bekleidungsausgaben der Konsumenten wächst der Wettbewerb unter den Händlern. Neue Betriebsformen wie die vertikalen Ketten erobern große Marktanteile. Viele Betriebsformen des Handels, in erster Linie Fachhandel und Versandhandel, die in der Nachkriegszeit die Deutschen mit Bekleidung versorgten, sind heute überholt und angreifbar gegenüber diesen innovativen Betriebsformen am Rande des Positionierungsspektrums. Und die nächste Revolution steht ja noch bevor: Keiner weiß heute genau, welchen Anteil der

Online-Handel mit Bekleidung in einem „eingeschwungenen" Zustand einmal haben wird.

Dieses Buch versucht, die drängendsten strategischen Fragen zu beantworten oder zumindest dazu beizutragen, dass notwendige betriebliche Weichenstellungen besser abgesichert sind. Hierzu haben wir als Europas führendes Beratungsunternehmen der Bekleidungsbranche Ergebnisse von etwa 120 Projekten der Jahre 1996 bis 1999 ausgewertet. Dabei haben wir fünf „Erfolgsstrategien" entwickelt, die jede für sich genommen Umsatz und Profit eines Unternehmens deutlich steigern können. Jede der fünf Strategien kann sowohl einzeln als auch in beliebiger Kombination mit den anderen Strategien angewendet werden.

Die einzelnen Beiträge sind durch eine angemessene Detailgenauigkeit sehr umsetzungsorientiert verfasst worden. Die Lektüre dieses Buches soll den Verantwortlichen in die Lage versetzen, schon am nächsten Tag Dinge in seinem Unternehmen konkret zu verändern. Insofern ist dies in erster Linie ein Buch für Praktiker, nicht für Wissenschaftler. Für die letzteren bieten die Beiträge jedoch reichhaltiges Material, um ihre Theorien und Modelle mit der Praxis abzugleichen.

Ich wünsche Ihnen eine angenehme Lektüre. Auf dass auch Sie einige Erfolgsstrategien in Ihrem Unternehmen umsetzen können,

Ihr

Roland Berger

Inhaltsverzeichnis

„Wind of Change" in der Bekleidungsbranche

Rücken- oder Gegenwind?

Andreas Bauer*

Kapitel 1

„Wind of Change" in der Bekleidungsbranche – Rücken- oder Gegenwind?

Inhalt

* Andreas Bauer ist Partner der internationalen Unternehmensberatung Roland Berger & Partner International Management Consultants. Im Hause Roland Berger & Partner leitet er weltweit den Geschäftsbereich Konsumgüter mit einem besonderen Schwerpunkt in den Branchen Bekleidung, Textil und Sport.

1 Nichts in der Bekleidungsbranche ist mehr so wie früher!

Hersteller und Handel sind sich einig: Die Bekleidungsbranche ist zu Beginn des neuen Jahrtausends mit starken Strukturveränderungen konfrontiert. Das Konsumentenverhalten hat sich nachhaltig verändert, es verschwimmen die Grenzen zwischen Herstellern und Handel durch beiderseitige Vertikalisierung, neue Wettbewerber drängen in den Markt – kurz: Nichts ist mehr so wie früher! Der gesamten Bekleidungsbranche weht ein starker Wind entgegen, dem sich die Unternehmen in Strategie und Struktur anpassen müssen. Das vorliegende Buch möchte die Strategien vorstellen, die abhängig von dem Grad der Vertikalisierung des Unternehmens als erfolgsrelevant einzustufen sind. Als Grundlage für die Erfolgsstrategien der nächsten Jahre dienen uns etwa 120 Projekte von *Roland Berger & Partner* in der Textil- und Bekleidungsindustrie, die wir systematisch ausgewertet haben.

Die Erkenntnis, dass nichts in der Bekleidungsbranche mehr so wie früher ist, verlangt nicht grundsätzlich, alles Bisherige vollständig als falsch zu deklarieren. Im Kampf um Marktanteile und Margen stellen die Erfolgreichen in der Bekleidungsbranche jedoch den veränderten Rahmenbedingungen neue spezifische Geschäftsstrategien und Konzepte gegenüber und hinterfragen die bisherige Handlungsweise. Doch bevor wir detailliert auf die relevanten Erfolgsstrategien eingehen, die im Rahmen unserer Projekte entwickelt wurden, möchten wir fragen: Welches sind denn eigentlich die großen Trends, die die Bekleidungsbranche so verändert haben? Was ist Ursache und was ist Wirkung bei all den Veränderungen um uns herum?

Ursächlich verantwortlich für alle Herausforderungen, denen der Bekleidungshandel, die Bekleidungshersteller und sogar die vorgelagerte Textilindustrie gegenüberstehen, ist fast immer der Konsument. Das lästige Wesen „König Kunde" agiert heute anders als noch zu Großmutters Zeiten. Wollen wir im Folgenden die europäischen Megatrends in der Bekleidungsbranche beschreiben, so ist die Veränderung des Konsumentenverhaltens unser Ausgangspunkt. Alle anderen Trends bauen auf dem veränderten Konsumentenverhalten auf bzw. sind eng mit diesem verbunden.

2 Woher weht der Wind? – Die Megatrends in der Bekleidungsbranche

2.1 Veränderung des Konsumentenverhaltens

Seit Beginn der 90er Jahre leidet der Bekleidungshandel unter einer noch nicht überwundenen Kaufzurückhaltung, die sich fast unverändert bis auf die Bekleidungshersteller durchschlägt. Die schwache Kaufkraft ist jedoch kein deutsches Phänomen allein. Auch in anderen europäischen Staaten hat die Bekleidungsbranche mit ähnlichen Problemen zu kämpfen. Die Arbeitslosigkeit vor allem in Kontinentaleuropa bewegt sich nach wie vor auf einem sehr hohen Durchschnittsniveau, das preisbereinigte verfügbare Einkommen ist kontinuierlich gesunken, und zu guter Letzt verlagern die Konsumenten ihre Ausgaben für Bekleidung langsam aber deutlich auf andere Konsumsegmente. In Deutschland wird sich bis zum Jahre 2010 der Anteil der Ausgaben für Bekleidung gegenüber dem Referenzjahr 1970 halbieren. (Abb. 1)

Das beim Bekleidungskauf gesparte Geld gibt der Konsument für Dinge aus, die in seiner Prioritätenliste weit nach oben gerutscht sind. In Deutschland zählt dazu vor allem Urlaub, in Spanien und Frankreich zunehmend das Eigenheim sowie Wohnen im Allgemeinen. Sowohl die verstärkte Reiselust als auch der Trend des Cocooning (Zurückziehen ins „eigene Nest") sind gleichermaßen Ursache und Wirkung der gesunkenen Bekleidungsausgaben.

Der Anteil der Pro-Kopf-Ausgaben für Bekleidung und Schuhe am verfügbaren Einkommen ist von 8,0 % im EU-Durchschnitt im Jahr 1986 auf rund 6,6 % im Jahr 1996 zurückgegangen. (Abb. 2)

Aber nicht nur relativ zu den anderen Konsumsegmenten sieht es schlecht für die Bekleidungsbranche aus: Auch der absolute Wert der Konsumausgaben für Bekleidung ist in den Jahren 1992 bis 1997 in vielen EU-Ländern gesunken. (Abb. 3)

Bedient man sich zur Begründung dieser Entwicklung einer Untersuchung der Werbeagentur *Grey*, ist festzustellen, dass nicht mehr allein der Schnäppchenjäger derjenige ist, der den Preis zu einem Hauptkriterium seiner Kaufentscheidung definiert hat. Trotz gegenteiliger Selbsteinschätzung zeichnen sich auch qualitätsbewusste Konsumenten durch ein ausgeprägtes Preisbewusstsein aus und lassen sich damit als Smart Shopper klassifizieren. Diese neue Form des Konsums, die sich als Jagd nach exzellenten Preis-Leistungs-Verhältnissen beschreiben lässt, findet in ganz Europa immer

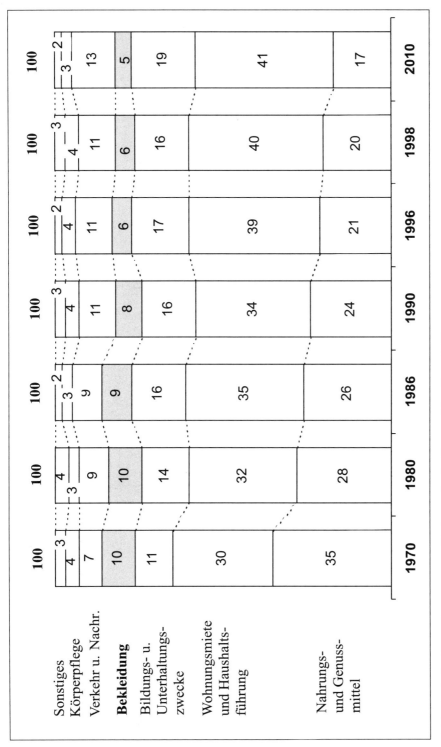

Abb. 1: Aufteilung des privaten Verbrauchs in Deutschland nach Konsumsegmenten

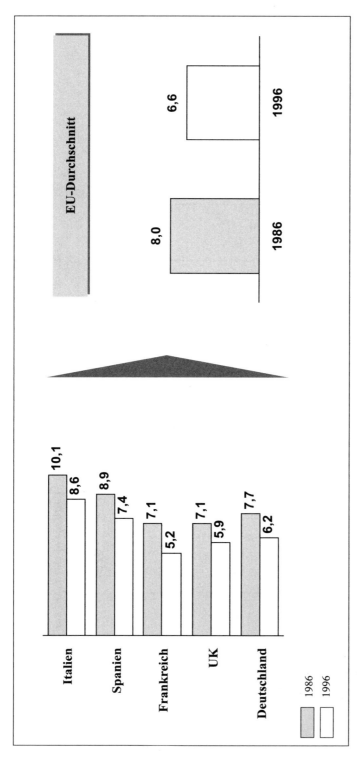

Abb. 2: Anteil der Pro-Kopf-Ausgaben für Schuhe und Bekleidung am verfügbaren Einkommen [%]

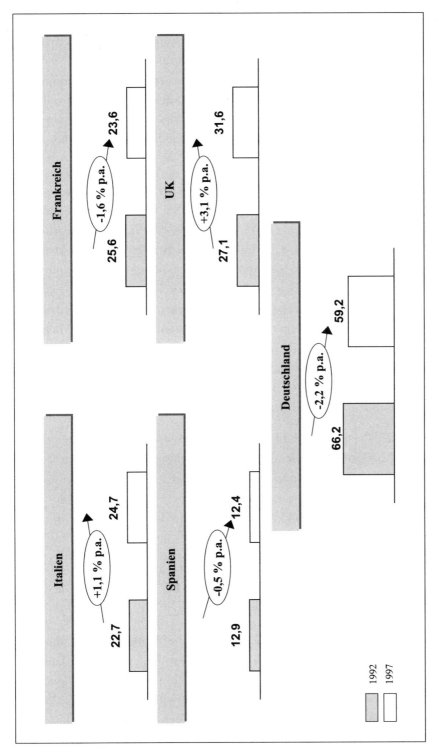

Abb. 3: Ausgaben für Schuhe und Bekleidung [in Euro]

mehr Anhänger. Gute Qualität rechtfertigt für den Smart Shopper keine hohen Preise mehr, und genauso ist er nicht mehr bereit, als Gegenleistung für guten Service mehr Geld für die Ware zu bezahlen. Selbstbewusst wie der Kunde heutzutage ist, denkt er jedoch auch nicht daran, auf den gewohnten Service zu verzichten. Warenumtausch, fachkundige Beratung – falls benötigt übersichtliche Ladengestaltung, freundliches Personal und Akzeptanz aller Zahlungsmittel stehen auf der Wunschliste an den Handel. Kurz gesagt: Der heutige „König Kunde" verlangt unabhängig vom Produktangebot stets einen exzellenten Service.

Resultierend aus dem Trend zum Smart Shoppen haben sich beim Konsumenten auch die Präferenzen für den Ort seines Einkaufs verändert. Nur die Lifestyle-orientierten Konsumenten kaufen ihre hochwertigen Waren nach wie vor fast ausschließlich in exklusiven Geschäften. Häufig gilt gerade für diese Konsumentenschicht Bekleidung noch als Statussymbol, was sie von anderen Geschäftstypen fernhält. Die übrigen Konsumenten verhalten sich entgegengesetzt und nutzen in verstärktem Maße die hervorragenden Preis-Leistungs-Angebote von Discountern oder bekleidungsfremden Aktionsanbietern, um preisgünstig einzukaufen. Die Discounter ihrerseits stellen sich schnell auf die weiteren Ansprüche ihrer neuen Kunden ein und gestalten mit Visual Merchandising und optisch ansprechenderen Warenträgern ihr Ladenlayout attraktiver. Auf diese Weise erreichen diese Vertriebsformen eine höhere Kundenbindung und nehmen den herkömmlichen Vertriebsformen dauerhaft Marktanteile ab.

Wechselt man von der Perspektive des Preis-Leistungs-Vergleichs zu der Perspektive des Modestils, so haben sich auch hier bisherige Vorstellungen überholt. So wie die Fast-Food-Ketten vor etwa 20 Jahren die Esskultur in Europa verändert haben, beginnt die Casual- bzw. Sportswearmode die Modekultur insgesamt zu revolutionieren. Ihr Marktanteil am gesamten Bekleidungsvolumen in der EU steigt um rund vier Prozentpunkte. (Abb. 4)

Anteil daran haben sogar die traditionellen Hochburgen formaler Kleidung wie Italien und Spanien. Der lockere und lässige „way of fashion" hat dort Marktanteile in der Größenordnung von drei Prozentpunkten gewonnen.

Die aufgezeigte Entwicklung im Modestil ist ein deutlicher Hinweis darauf, dass die traditionellen Konventionen in der Bekleidung, wie sie im „Knigge" stehen, langsam aber sicher in ganz Europa durchbrochen werden. Bekleidung ist immer seltener ein Formalismus, sondern zunehmend ein Ausdruck der Persönlichkeit, der individuellen Wertebasis und des Lifestyles. Diesem Trend entspricht auch die erweiterte Klassifizierung im Modemarkt durch die Bereiche „New Womenswear" und „New Menswear".

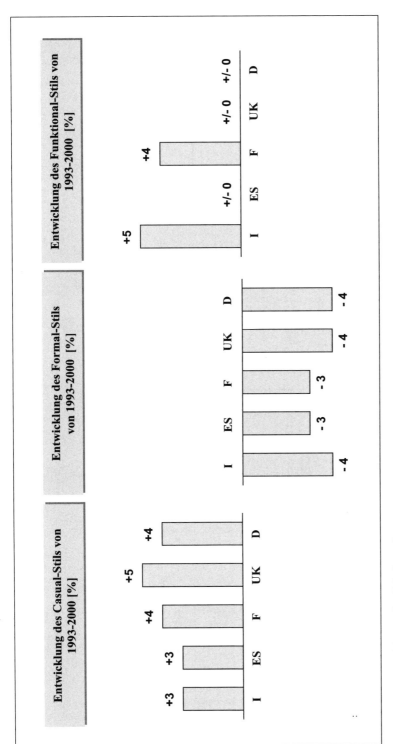

Abb. 4: Entwicklung der Modestile

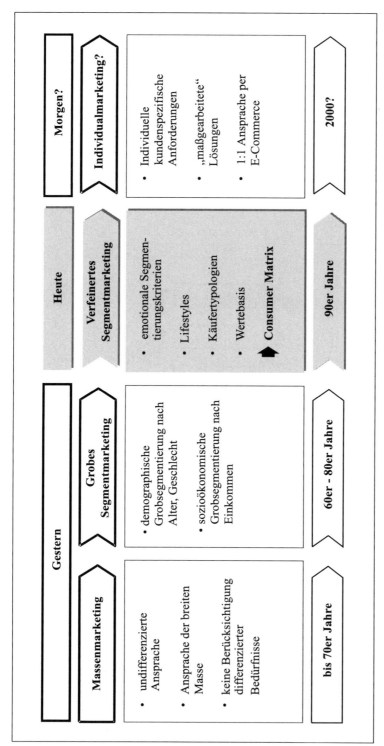

Abb. 5: Entwicklungsstufen der Marktsegmentierung

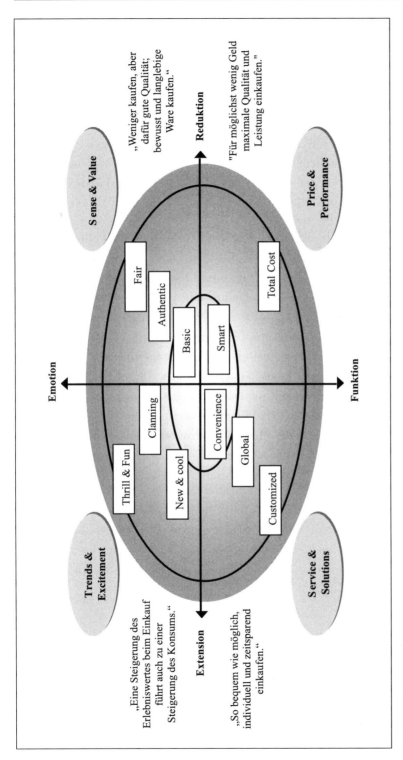

Abb. 6: Konsumentenmatrix

Die neue Zielgruppe definiert sich dabei nicht über Alter oder Einkommen, sondern über die Einstellung zur Mode. Mit der „New Womenswear" bzw. „New Menswear" werden die konsumwilligen, modisch interessierten und informierten Kunden ange-sprochen, die sich für „Young Fashion" zu alt und für die Stammabteilungen zu jung fühlen. Die Bekleidungsbranche hat damit die Herausforderung erkannt, dass der Konsument der Jahrtausendwende nicht mehr nach den herkömmlichen soziodemo-graphischen Merkmalen wie Einkommen und Alter zu klassifizieren ist. Das grobe Segmentmarketing der vergangenen Jahrzehnte hat sich zu einem verfeinerten Seg-mentmarketing entwickelt, bei dem die soziodemographischen Merkmale einer Ziel-gruppe durch emotionale Segmentierungskriterien ersetzt wurden. (Abb. 5)

Unabhängig vom Alter, jedoch nicht von der Einstellung zur Mode, kauft der Zwan-zigjährige den klassischen Blazer mit Club-Krawatte und der Sechzigjährige das modische, hoch geschlossene Vier-Knopf-Sakko und dazu die entsprechend eng ge-schnittene Hose mit Stecktaschen. In der Konsumenten- und Marktforschung hat sich daher zunehmend die Konsumentenklassifizierung nach Verhaltensweisen und Zuge-hörigkeiten zu bestimmten Einstellungsgruppen durchgesetzt. Auch *Roland Berger & Partner* nutzen in Projekten zur strategischen Repositionierung von Marken ein Modell, welches entlang der Einstellungspaare Emotion und Funktion sowie Exten-sion und Reduktion die verschiedenen Kaufverhalten der Konsumenten eingruppiert. In diese so genannte Konsumentenmatrix können nun entsprechende Konsumenten-cluster eingetragen werden, wie z. B. der „Total-Cost-Käufer", der am äußeren Extrem von Funktion und Reduktion immer konsequent überall das preiswerteste Angebot kauft und dies ausschließlich in der absoluten Minimummenge. (Abb. 6)

Andere Konsumentencluster sind z. B. der „Thrill-and-Fun-Konsument" im Extrem zwischen Emotion und Extension oder der relativ zentral positionierte „Basic-" oder „Smartkunde". Diese Konsumentenmatrix spiegelt die Wirklichkeit der zunehmen-den Konsumdifferenzierung der Bekleidungsbranche deutlich genauer wider als her-kömmliche Klassifizierungsmodelle.

2.2 Vertikalisierung bei Handel und Herstellern

Vor dem Hintergrund des veränderten Konsumentenverhaltens ist auch das traditio-nelle Verständnis der Herstellermarken ins Wanken geraten. War bis in die 70er Jahre hinein die Herstellermarke im mittleren und oberen Preissegment des Bekleidungs-handels konkurrenzlos, so haben sich heute qualitativ hochwertige Eigenmarken wie

McNeal von *Peek & Cloppenburg* neben bzw. auch an die Stelle der klassischen Herstellermarken geschoben. Der zunehmende Eigenmarkenanteil erklärt sich durch die besseren Kalkulationen für die Händler im Vergleich zu den Herstellermarken, die vor allem durch hohe Werbeausgaben belastet sind. Dem Handel gelingt es dadurch, einerseits der gestiegenen Preissensibilität der Kunden entgegenzukommen, indem er Eigenmarken zu einem geringeren Preis anbietet als vergleichbare Herstellermarken. Andererseits trägt er mit den Eigenmarken seinem Bedürfnis Rechnung, sich gegenüber der Konkurrenz zu differenzieren und den hybriden Kunden stärker an sich zu binden. Fast jeder Händler – vom mittelständischen Bekleidungsfachgeschäft bis zum Warenhaus – versucht heute, sich über eigene Programme zu profilieren.

In konsequentester Form sind es vor allem die Vertikalen, die über ihren hundertprozentigen Eigenmarkenanteil unverwechselbare Sortimente anbieten, die nirgendwo sonst anzutreffen sind. Damit aber noch nicht genug; bei einer Kollektionsanzahl zwischen vier bis acht pro Jahr wird dem Kunden auch noch ein zusätzlicher Anreiz geboten, häufig in die Geschäfte zu kommen, um die neue Kollektion zu bestaunen. Finanziell wirkt sich das nicht allein nur auf eine Steigerung des Umsatzes aus, sondern aufgrund der hervorragenden Kalkulationen auch auf den Gewinn. Mit dieser Strategie haben es *H&M, Mango, Kookaï* u. a. geschafft, ihren Firmennamen zu einer Marke zu machen und auf diese Weise den Begriff „Storebrand" zu prägen. Unabhängig von den geführten Marken wird der Name über der Eingangstür für den Konsumenten zum Markenersatz und zur Identität.

Für Markenhersteller hat dies zur Konsequenz, dass ihre Kollektionen aus den klassischen Absatzkanälen verdrängt werden, soweit sie nicht die notwendige Markenstärke aufweisen. Im Bereich der Damenoberbekleidung gibt es bereits einige Markenhersteller, die im Einzelhandel einiger Städte nicht mehr vertreten sind. Mit eigen- oder fremdgeführten Monolabel-Läden versuchen manche dieser Hersteller, ihren lokalen Relaunch zu forcieren. Gelingt der Relaunch eigener Marken allerdings nicht, bleibt dem ehemaligen Markenhersteller nur, Systemlieferant der Eigenmarken zu werden.

Um diesem Trend der Verdrängung entgegenzusteuern, sind die Hersteller gezwungen, sich auf die wirklich starken Labels zu konzentrieren und gegebenenfalls auch selbst zu vertikalisieren und Händlererfahrung zu sammeln. Klassische und starke Herstellermarken, wie beispielsweise *Escada, S. Oliver* und *Polo Ralph Lauren*, nutzen daher analog zur Eigenmarkenpolitik des Handels bereits die Möglichkeit der Vorwärtsintegration. Sie wollen einerseits in den Genuss der gesamten Marge zwischen Herstell-

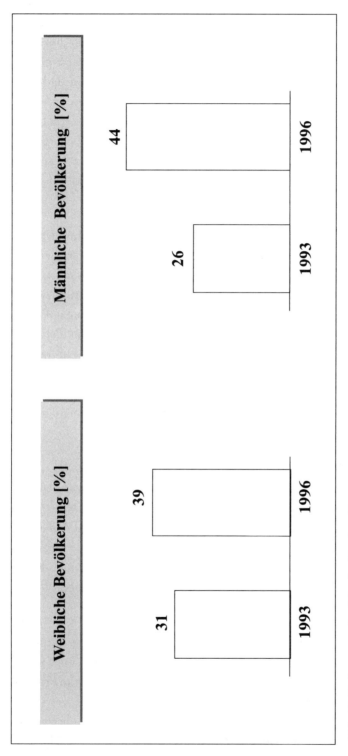

Abb. 7: Bedeutung der Marke für den Konsumenten

kosten und Ladenpreis kommen, andererseits aber auch ihre Markenstärke steigern und die Distanz zum Konsumenten verringern.

Eine Beschleunigung des Trends zum Auf- und Ausbau von Eigenmarken und Storebrands findet auch durch den Konsumenten statt, der trotz der aus Händler- und Herstellersicht bedeutenden Unterschiede zwischen Herstellermarke, Eigenmarke und Storebrand nicht differenziert. Er assoziiert mit einer dieser drei Markenarten entweder Sympathie oder keine Sympathie, Kaufbereitschaft oder keine Kaufbereitschaft. Bei gleichzeitig zunehmender Bedeutung des Markennamens an sich als Kaufkriterium liegt hier eine große Chance für Handel und Industrie. So äußerten sich 1999 immerhin 39 % der weiblichen Bevölkerung, dass sie Mode markenorientiert kaufen, im Vergleich zu 31 % im Jahr 1993. Bei der männlichen Bevölkerung war diese Entwicklung noch ausgeprägter: von 26 % im Jahr 1993 zu 44 % 1999. (Abb. 7)

Um allerdings von dieser zunehmenden Markenorientierung zu profitieren, reicht es sowohl für Hersteller als auch für Händler nicht aus, allein die Markenbekanntheit zu erhöhen, denn diese bedeutet lange noch nicht Kaufbereitschaft. So verfügen beispielsweise *Adidas* und *Puma* über eine fast gleiche Markenbekanntheit von 97 % (*Adidas*) und 94 % (*Puma*). Die Kaufbereitschaft der Konsumenten dagegen klafft mit 51 % bei *Adidas* und nur 38 % bei *Puma* weit auseinander.

2.3 Neue Wettbewerber – vor allem im Handel

Läge der zunehmende Wettbewerb für den Bekleidungsfachhandel nur in der Vorwärtsintegration der Bekleidungshersteller, wäre der Handel weniger unter Druck. Die bestehenden Abhängigkeiten zwischen Handel und Herstellern schließen eine absolute Verdrängung seitens der Hersteller aus. Eine Hauptursache für den rapide zunehmenden Handlungsdruck im Bekleidungshandel liegt jedoch zum einen in der viel diskutierten E-Commerce-Revolution und den daraus resultierenden neuen Vertriebsmöglichkeiten und zum anderen in der verstärkten Marktbearbeitung von Branchenfremden.

Die Prognosen über den Online-Marktanteil im „eingeschwungenen Zustand" schwanken zwischen 10 % bis 30 % und spiegeln somit deutlich die derzeitige Ungewissheit über die Entwicklung des Online-Vertriebs an Endverbraucher wider. Auch *Roland Berger & Partner* haben sich in einer Studie mit diesem Thema beschäftigt. (Abb. 8)

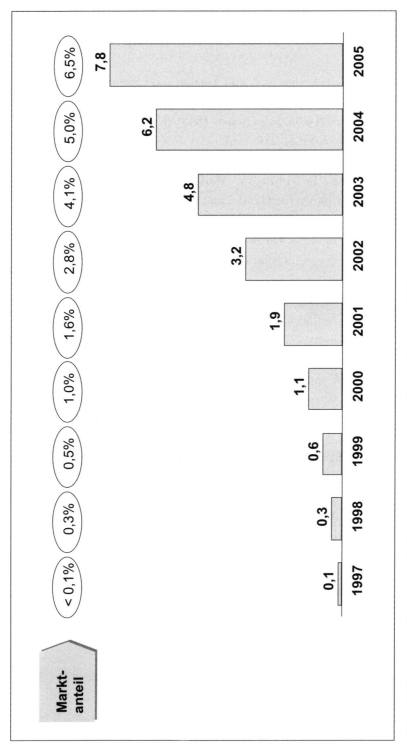

Abb. 8: Electronic Shopping: Bekleidungsumsätze via „Virtual Retailer" [Mrd. DM]

Bei allen Prognose-Unsicherheiten sind wir in unserem Modell zu einem Marktanteil von ca. 6,5 % im Jahre 2005 gekommen, welches in etwa einem Marktvolumen von dann 7,8 Mrd. DM entspricht. Ausgangspunkt dieser Prognose ist der sogenannte eingeschwungene Zustand, der einen Zeitpunkt beschreibt, zu dem jeder Hersteller nicht nur im Internet präsent sein wird, sondern auch aktiv über das Internet vertreibt. Daneben werden aber auch die klassischen Bekleidungshändler sowie Online-Retailer den Bekleidungskauf über das Internet ermöglichen. Auf der Konsumentenseite werden die Haushalte mit einer Penetration von 50 % bis 60 % online an das World Wide Web angeschlossen sein und mit entsprechend niedriger Hemmschwelle das Internet auch wirklich für Bestellungen nutzen.

Die daraus resultierenden Herausforderungen sowohl für die Hersteller als auch für den Handel liegen auf der Hand. Mit dem Internet sind die Markteintrittsbarrieren für Newcomer so gering, dass es ihnen sehr leicht gemacht wird, über ein gutes Internetangebot Marktanteile zu gewinnen. Man sollte das Internet nicht aus diesem Grund verteufeln, denn gleiche Chancen und Risiken bieten sich auch für bisher mäßig positionierte Unternehmen – sei es Hersteller oder Handel. Durch das World Wide Web hat jeder die Möglichkeit, einen heute kapitalstärkeren, markenstärkeren oder an einem besseren Standort positionierten Wettbewerber zu überholen.

Neben dem Internet wird der Bekleidungshandel aber auch von Vertriebsformen bedroht, die bereits heute einen beträchtlichen Marktanteil am deutschen Bekleidungshandel haben und diesen kontinuierlich ausbauen. Dazu gehören die Kaffeeröster, die Foodhändler, die Drogerien, aber auch die SB-Warenhäuser und Möbelmärkte. Vor allem die fusionierten Kaffeeröster Eduscho und Tchibo, die einen Textilumsatz von 1,3 Mrd. DM ausweisen, haben seit Anfang der 90er Jahre ihr Nonfood-Geschäft ausgeweitet und über exzellente Preis-Leistungs-Verhältnisse und mit einem innovativen Geschäftssystem (Phasengeschäft) ihren Textilumsatz kontinuierlich ausgebaut.

Ebenso umstritten wie die Liberalisierung der Ladenöffnungszeiten ist die Diskussion über die Factory Outlets (FO) bzw. Factory Outlet Center (FOC). Dabei handelt es sich bei den FO um traditionelle Fabrikverkäufe an Endverbraucher, bei denen der Verbraucher am Firmensitz alte und/oder überschüssige aktuelle Ware zum Handelsabgabepreis kaufen kann. Im Rahmen eines FOC haben sich mehrere, meist komplementäre Hersteller unter externem Management zusammengeschlossen, um an verkehrsgünstig gelegenen Ortsrandlagen überschüssige Altware oder Textilien zweiter Wahl günstig an die Endverbraucher abzugeben. Trotz einiger nicht erteilter Genehmigungen zum Bau von FOC (z. B. FOC in Limburg und Ingolstadt) häufen sich – analog zur Entwicklung im angelsächsischen Ausland – die Genehmigungsverfahren. Es ist aus Sicht von *Roland Berger & Partner* nur noch eine Frage der Zeit, dass sich auch in Deutschland flächendeckend diese für die Konsumenten hoch attraktiven Outlets niederlassen. Dabei würde selbst eine Blockadehaltung der Bundesländer nicht dauerhaft zum Erfolg führen, da sich unsere Nachbarländer diese Situation – wie schon in Österreich geschehen – durch grenznahe FOC weiterhin zunutze machen würden.

Insgesamt ist davon auszugehen, dass im Jahr 2005 die branchenfremden Vertriebsformen auf 9,5 % (1998 nur 6,8 %) des Bekleidungshandels sowie die FO und FOC auf einen Marktanteil von 3,2 % (1998 nur 0,4 %) kommen werden. (Abb. 9)

Rechnet man noch den sprunghaft gestiegenen Online-Handel hinzu, werden die Konkurrenten des klassischen Bekleidungshandels im Jahre 2005 immerhin einen Marktanteil von 19,2 % halten im Vergleich zu 7,5 % im Jahre 1998. Diese Marktanteilsverschiebung von 11,7 % in einem insgesamt nur stagnierenden Gesamtmarkt wird weitere Konsolidierungen, Fusionen und nicht zuletzt auch Geschäftsaufgaben im klassischen Bekleidungshandel auslösen.

Die Herausforderungen für die Bekleidungsbranche sind also mannigfaltig – aber auch die Chancen. Wo Marktanteile schnell wechseln, liegen Gefahren und Gelegenheiten dicht beisammen. Dabei gibt es erprobte Mittel, dem Konkurrenten Marktanteile abzujagen und sein Unternehmen fit zu machen für den verschärften Wettbewerb. Fünf dieser Instrumente wollen wir Ihnen vorstellen. Sie sind bereits erfolgreich umgesetzt worden in Projekten unseres Hauses, und mit Stolz blicken wir auf manch eine gewonnene „Schlacht" zurück. Mit Hilfe dieser Strategien wird auch für Sie aus dem Gegenwind der veränderten Marktbedingungen ein Rückenwind, der Sie erfolgreich in die Zukunft starten lässt.

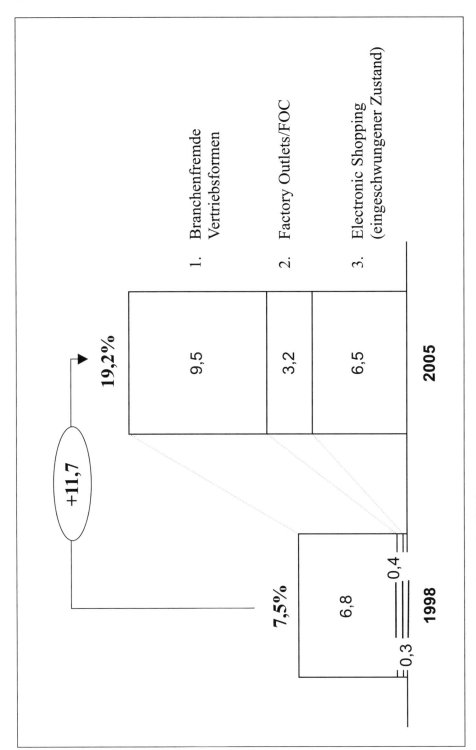

Abb. 9: Marktanteile der „Angreifer" [%]

Die besten Strategien für den harten Konkurrenzkampf der Zukunft

Obwohl die Stufen Herstellung und Handel in der Bekleidungsbranche immer stärker zusammenwachsen, um die Synergien einer integriert arbeitenden Wertschöpfungskette zu nutzen, können Hersteller und Handel nicht auf die gleichen Erfolgsfaktoren zurückgreifen. Aus diesem Grund stellen wir in diesem Buch die im Rahmen unserer Projekte definierten Strategiefelder für die Wertschöpfungsstufen Bekleidungshersteller und Bekleidungshandel getrennt dar. (Abb. 1)

Ausnahme bleibt die Informationstechnologie, die für beide Stufen gleichermaßen erfolgsrelevant ist und daher auch in einem separaten Kapitel behandelt wird. Trotz der Trennung ist unternehmensspezifisch eine Vermischung der Strategiefelder durchaus erwünscht – abhängig vom individuellen Integrationsgrad des Unternehmens. Vertikalisierte Händler müssen selbstverständlich genauso in Herstellerkategorien denken, wie Markenhersteller mit eigenen Flächenkonzepten die Regeln des Handels beherrschen müssen.

Sowohl für den Händler als auch für den Hersteller sind jedoch nicht alle Spektren des unternehmerischen Handelns gleichermaßen erfolgsentscheidend, so dass sie gut beraten sind, wenn sie strategische Schwerpunkte setzen. Im Rahmen unserer Projekterfahrung haben sich folgende Themenfelder als kritisch für den Erfolg im Kampf um Marktanteile erwiesen, die sich aus diesem Grund als strategische Schwerpunkte anbieten:

1 Strategien für die Bekleidungshersteller
   – Kosten- und prozesseffiziente Wertschöpfungskette
   – Kundenorientierte Vertriebsorganisation

2 Strategien für den Bekleidungshandel
   – Storebrands und innovative Storekonzepte
   – Kundenorientiertes Warengruppen-Management

3 Übergreifende Strategie für Handel und Hersteller
   – IT-Strategien in der Bekleidungsbranche

Sämtliche oben aufgeführten Strategiefelder sind für die Bekleidungshersteller bzw. für den Bekleidungshandel in exzellenter Weise zu besetzen, um sich erkennbar für den Kunden im Wettbewerb zu differenzieren und auf diese Weise den harten Kampf um Marktanteile gewinnen zu können. Der Bekleidungshändler, der jetzt allerdings entzückt sowohl die geplanten Investitionen in sein Ladenlokal als auch die Werbeausgaben streicht, um die gesparten Gelder in eine neue Informationstechnologie zu investieren, wird mit Sicherheit Marktanteile zu verlieren. Zwar ist zum einen der aufgeklärte und informierte Kunde in der heutigen Zeit nicht mehr ausschließlich mit den bisherigen Verkaufsinstrumenten wie z. B. Visual Merchandising und Promotions zum Kauf zu überzeugen, und zum anderen ist auch mit diesen Instrumenten alleine keine Differenzierung gegenüber dem Wettbewerber mehr möglich. Aus Sicht der Kunden gehören diese Instrumente aber zum Pflicht-Repertoire: Werden sie nicht erfüllt, wird der Kunde dem Unternehmen den Rücken kehren; werden sie erfüllt, gehört das Unternehmen zwar zur persönlichen Auswahl, eine Kaufentscheidung ist damit jedoch noch nicht gefallen. Mit den definierten Erfolgsstrategien von *Roland Berger & Partner* und einzelnen „Paten" aus der Branche möchten wir die Ansatzpunkte erläutern, die genutzt werden können, um die Kunden positiv zu überraschen und auf diese Weise nachhaltig an sich zu binden.

Im Folgenden geben wir am Anfang jedes Kapitels einen kurzen Überblick über den jeweiligen Strategieansatz, der durch die Lektüre des gesamten Kapitels vertieft wird. Auf diese Art und Weise möchten wir das gezielte und interessierte Weiterlesen erleichtern.

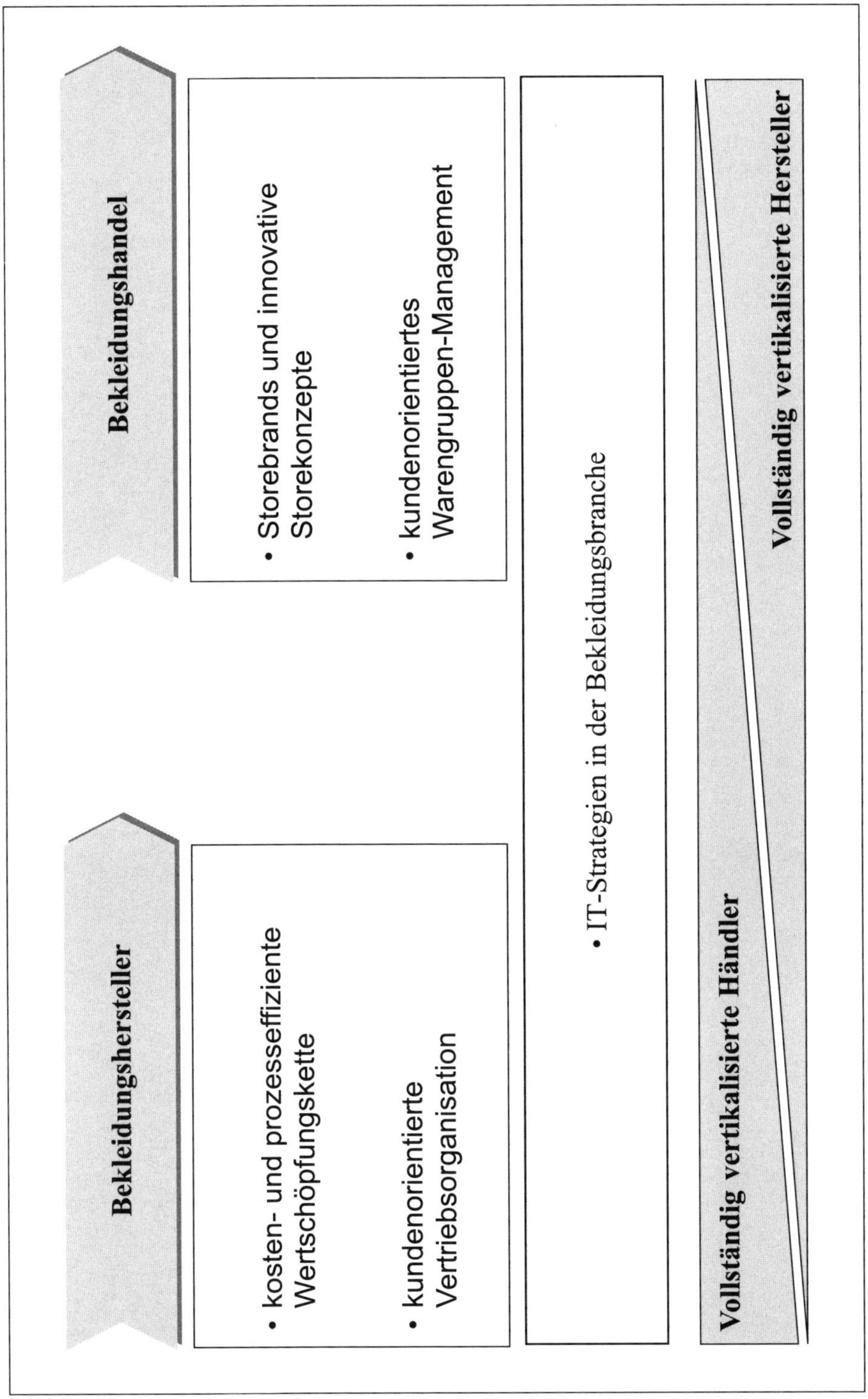

Bekleidungshandel

- Storebrands und innovative Storekonzepte
- kundenorientiertes Warengruppen-Management

Bekleidungshersteller

- kosten- und prozesseffiziente Wertschöpfungskette
- kundenorientierte Vertriebsorganisation

- IT-Strategien in der Bekleidungsbranche

Vollständig vertikalisierte Hersteller

Vollständig vertikalisierte Händler

Abb. 1: Strategiefelder

2.1
Erfolgsstrategien für die Hersteller

Barbara Gottschlich*

Kapitel 2.1.1

Kosten- und prozesseffiziente Wertschöpfungskette – die unbeachtete Ertragsreserve jedes Bekleidungsherstellers

Inhalt

* Barbara Gottschlich ist Seniorberaterin im Hause Roland Berger & Partner International Management Consultants und seit 1994 Mitglied der Core-Group Textil-Bekleidung. In dieser Funktion hat sie zahlreiche Projekte zur Restrukturierung der textilen Wertschöpfungskette geleitet.

Die Bekleidungshersteller leiden bis auf wenige Ausnahmen seit Jahren unter stark zunehmendem Ertragsdruck. Viele Unternehmen, die sich in einer Krisensituation befinden, greifen zur Sicherung ihrer kurzfristigen Überlebensfähigkeit schnell zu klassischen Kostensenkungsmaßnahmen. Diese führen jedoch häufig nicht zum gewünschten Erfolg, demotivieren die Mitarbeiter und müssen bei jeder weiteren Geschäftsentwicklung wieder neu definiert und angestoßen werden. Eine Alternative hierzu ist die komplette Überarbeitung der Wertschöpfungskette der Textilindustrie, in der ungeahnte Ertragsreserven freigesetzt werden können. Diese Potenziale entstehen überwiegend durch verloren gegangene Roherträge und unnötig eingesetzte Sachkosten, die auf dem Weg von der Entwicklung bis zum ausgelieferten Fertigteil „vergeudet" werden. Da die Einsparungspotenziale also in der Regel nur in geringem Maße im Personalkostenbereich liegen, können sie (fast) ohne negative Auswirkungen auf das Firmenklima relativ schnell realisiert werden. Als angenehmer und zunehmend wichtigerer Nebeneffekt werden durch das Redesign auch die Durchlaufzeiten verkürzt.

1 Traditionelle Kostensenkungsansätze greifen zu kurz

Fast jeder Industrie- und Dienstleistungszweig durchläuft Phasen, in denen Kostensenkungsprogramme die gesamte Branche erfassen, ja regelrecht „en vogue" werden. Abhängig von Konjunkturschwankungen, spezifischer Unternehmenssituation sowie allgemeinen Managementlehren bestimmen diese – meist eher kurzfristig – das Vorgehen. Sie basieren auf einem Benchmarking-Ansatz, der die Kostenarten strikt trennt, sie intern wie extern in ihrer Entwicklung vergleicht, daraus resultierend Budgets vorgibt und ein zentrales Kostencontrollingsystem einführt. Der Blickwinkel ist dabei grundsätzlich auf den Status quo des Unternehmens im Vergleich zur mittelbaren Vergangenheit gerichtet. Ändert das Unternehmen seine Strategie und/oder Struktur, verändern sich damit z. B. die Absatzmengen stark positiv oder negativ; werden ganz neue Leistungen oder Produkte angeboten und unterliegt das Unternehmen dann z. B. veränderten Wertschöpfungstiefen, kann man weder mit den festgesetzten Budgets noch mit den ursprünglichen Benchmarks weiterarbeiten. Die Vergleichbarkeit geht verloren und mit ihr die Bereitschaft der betroffenen Mitarbeiter, Verantwortung für die

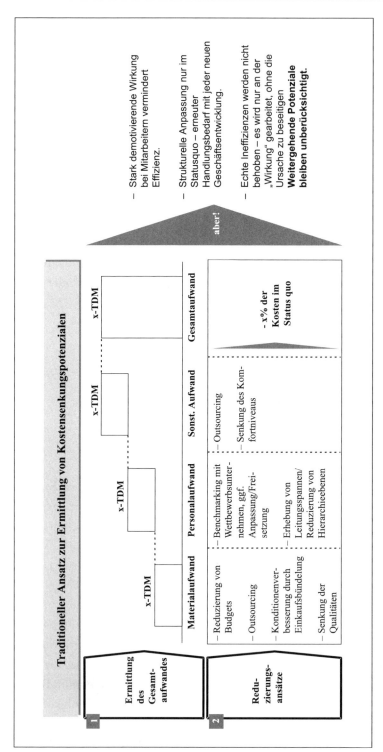

Abb. 1: Vorgehensweise beim traditionellen Kostensenkungsansatz

einmal definierten Ziele zu übernehmen. Je dynamischer eine Branche ist und je turbulenter das Marktumfeld sich gestaltet (und das trifft auf die Bekleidungsbranche vollkommen zu), desto weniger sind solche traditionellen Ansätze tauglich. Ein weiterer negativer Punkt der traditionellen Kostensenkungsansätze ist, dass sich die gesamte kreative Energie des Unternehmens darauf konzentriert, Kosten zu verschieben, die Vergleichbarkeit von Benchmarks (berechtigterweise) anzuzweifeln und intern schwarze Schafe zu identifizieren bzw. Gründe für die eigene Kostensituation zu finden. Weder der Effizienz noch der Effektivität ist damit gedient. (Abb. 1)

Im Folgenden werden sowohl die Methodik als auch Vor- und Nachteile des traditionellen Ansatzes dargestellt.

1.1 Inhalte und Methodik traditioneller Ansätze

Der klassische Kostensenkungsansatz orientiert sich am Betriebsabrechnungsbogen, d. h. an der Kostenarten- und Kostenstellenrechnung. In der Regel wird der Gesamtaufwand einer Kostenstelle nach den Kostenarten Material-, Personal- und sonstiger Aufwand getrennt und im Anschluss in seiner Entwicklung absolut und relativ zum Umsatz analysiert. Dabei ergibt sich sofort die primäre Schwierigkeit, dass die Kostenstellen in der Regel einem konstanten Veränderungsprozess unterliegen, d. h. dass Mitarbeiter zwischenzeitlich unterschiedlich zugeordnet werden, Kostenstellen neu aufgenommen oder gestrichen werden und Kosten je nach Buchungsmaßgabe unterschiedlich aufgeteilt werden. Häufig treten bei genauerer Analyse auch Aktualitätsdefizite auf, d. h. dass das Rechnungswesen während des Jahres nicht den betrieblichen Alltag abbildet – vielleicht auch gar nicht dazu in der Lage ist. Ein weiteres Problem kann durch die Umlage von Zentral- oder Holdingkosten auftreten, die zunächst herausgerechnet werden müssen, damit eine vergleichbare Basis im Unternehmen besteht. Besteht einmal Einigkeit über die Höhe der Kosten und ihre Entwicklung, gibt es je Kostenart unterschiedliche Vorgehensweisen, um diese zu reduzieren.

Der Materialaufwand kann zum einen extern über ein Benchmarking festgelegt werden und zum anderen intern in seiner Entwicklung relativ zum Umsatz betrachtet werden. Ist er im Vergleich zu gleichartigen Unternehmen zu hoch, kann dies an einer Vielzahl von Ursachen liegen. Diese werden in der Regel jedoch nicht im Detail untersucht, sondern der Materialaufwand wird einfach über die Vergabe von Budgets reduziert. Technik und Einkauf erhalten Budgetwerte für die relativen Herstellungskosten (HSK), die sie durch die Verminderung der eingesetzten Qualität, billigere Fertigungsbetriebe, Konditionennachbesserungen und Outsourcing zu erreichen versuchen. Welche Auswirkungen dies auf vor- und nachgelagerte Funktionen und Prozesse hat, bleibt größtenteils unberücksichtigt.

Der Personalaufwand kann sowohl extern als auch häufig intern durch einen Benchmarking-Ansatz definiert werden und außerdem in seiner zeitlichen Entwicklung absolut und relativ zur Anzahl der Teile oder zum Umsatz verglichen werden. Ist die Leistungsspanne oder Produktivitätskennzahl zu gering, werden Soll-Werte vorgegeben oder Hierarchiestufen gestrichen und somit Personal freigesetzt. Die Ursachen der Zusammensetzung des Personalbestandes, eventuell auch seine Rechtfertigung über die Senkung anderer Kosten oder die Erhöhung von Roherträgen, bleiben dabei ebenfalls u. U. unberücksichtigt. Daher ist es auf diese Weise kaum möglich, für das Gesamtunternehmen die *richtigen* Abteilungen, Funktionen und Personen zu erreichen, da diese nicht in ihren Abhängigkeiten im Betriebsablauf betrachtet werden.

Der sonstige Aufwand wird in der Regel nur intern in seiner Entwicklung und zwischen den Kostenstellen verglichen. Auf dieser Basis werden Budgetwerte vergeben, die sich am internen Best-practise orientieren. Das bedeutet, dass meistens das Komfortniveau gesenkt wird (z. B. Senkung von Reisekostenhöchstbeträgen, Sperrung von Telefonnummern etc.) oder bestimmte Ausgaben ganz gestrichen werden (z. B. Handys, Bewirtungen, Weihnachtsgeschenke etc.). Darüber hinaus werden Kosten, die das gesamte Unternehmen betreffen und somit nicht in der Verantwortung einer Kostenstelle alleine liegen (z. B. Energiekosten, Leasingverträge etc.) durch eine erneute Ausschreibung am Markt unternehmensweit reduziert oder durch eine Make-or-buy-Entscheidung gedrosselt (z. B. Reinigungsdienste, Hausmeisterei etc.).

1.2 Vor- und Nachteile

Ein klarer Vorteil dieses Ansatzes liegt in der schnellen Umsetzbarkeit und der Unmissverständlichkeit der Vorgaben. Gefragt wird nicht nach dem „Wie", fest steht nur, *dass* das definierte Ziel erreicht werden muss. Langwierige Analysen sind nicht notwendig. Nachdem die Kosten transparent gemacht wurden, kann man über das Benchmarking relativ schnell zur Zieldefinition kommen. Damit wird dann auch kurzfristig deutlich, mit welchen Potenzialen man rechnen, d. h. welche man in die Geschäftsplanung der Folgejahre einstellen kann.

Diesen Vorteilen stehen jedoch z. T. sehr gravierende Nachteile gegenüber. Das Haupt-problem ist darin zu sehen, dass mit diesem Ansatz nur die Auswirkungen von ineffizi-enten Prozessen betrachtet werden, nicht aber ihre *Ursachen*. Damit bleiben zum einen weiterreichende Potenziale völlig unentdeckt. Zum anderen ist die strukturelle Anpassung nur auf den Status quo ausgelegt, d. h. mit jeder neuen Geschäftsentwick-lung besteht erneuter Anpassungsbedarf. Ein weiterer erheblicher Nachteil ist die demotivierende Auswirkung auf die Mitarbeiter, die die Einsparung in Höhe und Ver-teilung vielfach nicht nachvollziehen können. Sie sehen häufig selbst „Verschwen-dung" an vielen Stellen im Unternehmen, an denen nicht rigide genug gekürzt wird, während gleichzeitig aufgrund von Einsparungsmaßnahmen Arbeitsplätze von ge-schätzten Kollegen verloren gehen.

Die Schwäche des Ansatzes lässt sich am besten anhand eines Praxisbeispiels erläu-tern: Ein Bekleidungsunternehmen stellt fest, dass seine Herstellungskosten in Pro-zent vom Umsatz zwei Prozentpunkte über Wettbewerbsniveau liegen. Als Gegen-maßnahme wird mittels einer Budgetvorgabe eine Reduzierung der HSK in dieser Größenordnung angestrebt. Diese Vorgabe wird am leichtesten erreicht, indem der Einkäufer nachgestellte Ware in geringerer Qualität beschafft oder indem die Produk-tionsplanung nur noch auf extrem günstige Betriebe zurückgreift, mit denen eventuell noch keine Erfahrungen hinsichtlich Termintreue, Qualität etc. gemacht wurden.

Die Ursache der überhöhten HSK könnte aber z. B. darin liegen, dass durch eine schlechte Hochrechnungssystematik ungenaue Bedarfsmengen ermittelt werden und damit Rohwarenüberhänge geschaffen werden, die im Kilopostengeschäft anschlie-ßend mit Verlust verkauft werden müssen, was den Materialeinsatz überproportional verteuert. Ein weiterer Grund könnte auch sein, dass eine große Anzahl von Farben oder Besatzstoffen verwendet werden, die z. T. nur in geringen Mengen zum Einsatz kommen, jedoch in Mindestmetragen eingekauft werden müssen, sich daher auch hier wieder Überhänge ansammeln, die im schlimmsten Fall durch Aufschneider und Lagergeschäfte „vernichtet" werden.

Die Ursache der überhöhten HSK wäre in diesem Beispiel also durch die anfangs geschilderte Maßnahme nicht abgestellt worden, im Zweifel zieht die ergriffene Maß-nahme sogar noch Qualitäts- oder Terminprobleme nach sich.

Eine Verschärfung des Problems tritt dann ein, wenn das Unternehmen seine Strategie ändert und z. B. in das Outfit-Geschäft einsteigt, in dem es vorher als Spezialanbieter nicht tätig war. Als Folge hiervon würden sich die Kostenstrukturen ändern, da die Herstellungskosten für einen Produktmix, der eventuell auch aus zugekauften Artikeln besteht, wesentlich von den ursprünglichen HSK eines Spezialproduktes abweichen. Das bedeutet, dass das ursprüngliche Budget nicht mehr herangezogen werden kann, da sich die Bezugsgrößen und Benchmarks verändert haben, sich also auch kein Mitarbeiter mehr zu diesem bekennen und an diesem messen lassen wird. Außerdem würde sich im Falle einer solchen Strategieänderung der ineffiziente Beschaffungsprozess verstärkt auswirken, da man nach wie vor keine geeigneten Hochrechnungssysteme im Haus hat und sich bei der gesteigerten Anzahl der Produkte sowie der fehlenden Erfahrung mit diesen Dispositionsfehler weiter häufen würden.

Der bessere Ansatz wäre gewesen, den gesamten Entwicklungs- und Dispositionsprozess zu betrachten, um festzustellen, wer welche Materialien wann auf welcher Entscheidungsgrundlage auswählt, disponiert und verwaltet und ob diese Abläufe effizient gestaltet sind. Darüber hinaus kann man selbstverständlich immer versuchen, die Einkaufskonditionen zu verbessern oder die Produktionsstruktur (Anzahl der Betriebe und Länder, Vollkauf vs. Passive Lohnveredelung (PLV) etc.) zu verbessern.

Ein weiterer Nachteil des traditionellen Ansatzes liegt in der Natur des Menschen. Wenn die Latte zu niedrig hängt, wird kaum jemand freiwillig wesentlich höher darüber springen. Die Budgets können falsch vergeben sein, eventuell ist auch unabhängig von der Veränderung der Abläufe wesentlich mehr Einsparungspotenzial vorhanden. Doch wer beschneidet sich freiwillig, wenn es nicht sein muss? Vielmehr wird sich die Kreativität im Unternehmen darauf beschränken, Kosten zeitlich umzulenken, in andere Abteilungen zu verschieben und somit das Augenmerk auf diese Abteilungen zu lenken. Das Prinzip „rechte Tasche/linke Tasche" gilt dann nicht mehr, Abteilungsegoismen brechen genauso auf wie persönliche Animositäten oder Verbandelungen. Im Wesentlichen ist das Unternehmen damit aber noch nicht effizienter geworden, und die Funktionen, die eigentlich das „Richtige" tun, können genauso beschnitten worden sein wie die, die vielleicht vollständig überflüssig wären, wenn man die Abläufe geändert hätte.

2 Ganzheitliches Redesign der Wertschöpfungskette der Textilindustrie, um nachhaltig Ertragsreserven zu sichern

Wesentlich mühsamer, dafür aber mittel- und langfristig auch lohnender als das pure Cost Cutting ist insbesondere für die dynamische Bekleidungsindustrie eine Überarbeitung der gesamten Wertschöpfungskette. Dabei versteht sich das Unternehmen nicht als eine Summe von Abteilungen und Kostenstellen, sondern als eine Kette von (z. T. in Frage zu stellenden) Tätigkeiten. Es gilt, die Tätigkeiten, die tatsächlich notwendig sind, möglichst schnell, aufeinander abgestimmt, mit bester Qualität und unter niedrigstem Einsatz von Sach- und Personalkosten für das gesamte Unternehmen abfolgen zu lassen. Alle Roherträge, die intern „vergeudet" werden, oder Kosten, die keine Wertschöpfung liefern, werden als sogenannte Fehlerkosten definiert. Erfahrungsgemäß können diese bis zu zehn Prozent des Umsatzes erreichen, manchmal sogar noch übersteigen. Der Ansatz berücksichtigt Abhängigkeiten von internen Abläufen und Informationsströmen, zeigt die Treiber von Kosten, Rohertrags- und Zeitverlusten auf, hinterfragt sie und stellt sie gegebenenfalls ganz oder zumindest teilweise ab. Da die Prozesse damit optimal und transparent gestaltet sind, kann man flexibel auf neue äußere Umstände reagieren. Jenseits der Umsetzung von weiteren Ertragspotenzialen hat dieser Ansatz zwei positive Begleiterscheinungen: Zum einen werden die Durchlaufzeiten praktisch „nebenbei" reduziert, zum anderen kann ein kreativer Unternehmensgeist entstehen, der automatisch ineffiziente Prozesse hinterfragt und diese abstellt. (Abb. 2)

2.1 Inhalte, Potenziale und Methodik des Prozessansatzes

Wesentlicher Ausgangspunkt dieses Ansatzes ist, dass das Unternehmen entlang der Wertschöpfungskette in Kernprozesse zerlegt wird. Diese bestehen in der Regel aus Entwicklung, Beschaffung, Fertigung, Verkauf und Logistik. Übergreifend – sozusagen als Querschnittsthema über alle Prozesse – ist die Qualität zu betrachten. Jeder Prozess wird in seinem Ablauf beschrieben sowie in seinen Auswirkungen auf Rohertrag, Sach- und Personalkosten untersucht und quantifiziert. Dabei werden für jeden Teilprozess die tatsächlichen Kosten sowie die Optimalkosten definiert. Die Dif-

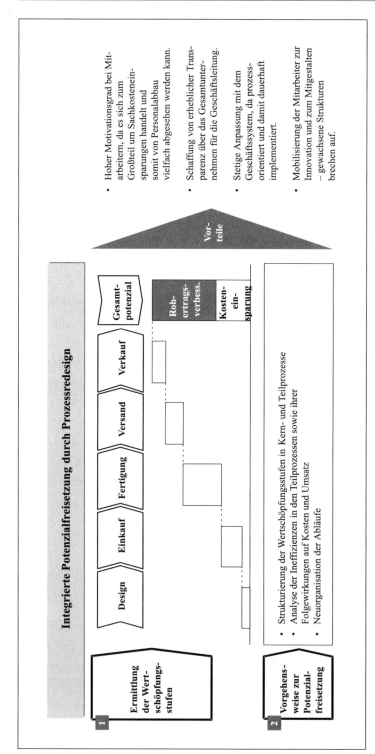

Abb. 2: Vorgehensweise beim Prozessansatz von Roland Berger & Partner

ferenz ergibt die sogenannten „Fehlerkosten", also den Betrag, der im Unternehmen aufgrund von ineffizienten Abläufen unnötigerweise anfällt. Dies kann unternehmensweit geschehen, sinnvollerweise wird die Analyse aber je Kollektion oder Label durchgeführt. (Abb. 3)

Nachfolgend wird dieses Vorgehen im Detail erläutert, wobei beispielhaft der Entwicklungsprozess intensiver beleuchtet werden soll.

Der **Entwicklungsprozess** kann in mehrere Teilprozesse untergliedert werden: Planung, Musterung, Modellerstellung, Kalkulation und gegebenenfalls Verdopplung. In diesen Prozessen kommt es zu einer Vielzahl an Fehlern, die nicht nur unmittelbar im Entwicklungsbereich Kosten verursachen, sondern auch nachgelagerte Prozesse massiv beeinträchtigen. Die Ursachen dieser Fehler liegen z. B. in fehlenden Kollektionsrahmenplänen, einer fehlenden Abstimmung innerhalb des Musterungsprozesses zwischen den einzelnen Abteilungen etc. Im Einzelnen können im Entwicklungsprozess z. B. folgende Fehlleistungen entstehen:

a) Prototypen, die entwickelt, dann aber wieder verworfen werden;

b) Kollektionsteile, die zwar zum Verkauf stehen, jedoch aufgrund ihrer Überlappung mit anderen Formen, ihrer preislichen Fehlpositionierung oder auch ihrer falschen Modeaussage wegen nicht verkauft werden;

c) Sonderformen, die entwickelt, dann aber nicht verkauft werden;

d) Muster- und Couponware, die gekauft, aber nicht eingesetzt wird;

e) Frachten für diese Musterware;

f) Modelle, die in so kleiner Stückzahl verkauft werden, dass sie noch nicht einmal ihre eigenen absoluten Entwicklungskosten tragen;

g) der unbeschränkte Einsatz von Farb- und Futtervarianten, der kostentreibend im Beschaffungs- und Fertigungsbereich wirkt;

h) die zeitlich zu späte Fertigstellung der Modelle, mit der Folge, dass man auf teure Inlandsverdopplungskapazität zurückgreifen muss, anstelle in Osteuropa oder der Türkei verdoppeln zu können;

i) die manuelle Erstellung von Erstschnitten, gepaart mit dem tatsächlichen manuellen Zuschnitt anstelle der Verwendung eines geeigneten Cutters;

j) oder auch der Einsatz von für bestimmte Schnitte ungeeigneter Ware sowie die mangelhafte Überprüfung der Musterware auf Einlaufwerte, Waschverhalten etc.

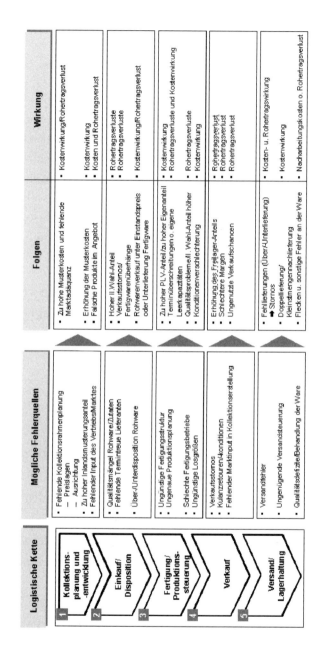

Um klären zu können, ob solche Fehler im Entwicklungsprozess vorkommen, werden folgende Punkte analysiert:

a) Zunächst wird das Kollektionsmengengerüst ermittelt, d. h. wie viele Teile tatsächlich entwickelt wurden, wie viele verworfen und wie viele verkauft wurden und welchen absoluten Deckungsbeitrag vor Abzug seiner Entwicklungskosten jedes Modell erwirtschaftet hat;

b) wie viel Musterware gekauft wurde und wie viel davon als ungenutzte und nicht mehr verwendbare Altware noch am Lager ist;

c) wie viele Teile in welchen Produktionsstätten zu welchen Kosten und zu welchen Zeitpunkten verdoppelt werden und

d) wie hoch der Anteil der Retouren ist, deren Begründung in Schnittproblemen oder Einlaufwerten liegt etc.

Diese Ergebnisse werden verursachungsgerecht zu Vollkosten bewertet, d. h. es wird genau ermittelt, was beispielsweise ein Prototyp in der Entwicklung kostet, was ein verdoppeltes Teil kostet, worin der Konditionenunterschied zwischen inländischer und ausländischer Verdopplung liegt, was ein manueller Schnitt gegenüber einem CAD-Schnitt kostet, was die Musterware gekostet hat und zu welchem Preis sie im Kilo wieder vermarktbar ist etc. Wichtig ist hier, dass die Kosten- und Rohertragsverluste genau getrennt werden nach tatsächlich voll „verschwendeten" Positionen (Beispiel: verworfene Teile) und nach Kosten, bei denen lediglich die Differenz zwischen dem definierten Optimum und dem Ist-Zustand zum Tragen kommen darf (Beispiel: Kosten manueller Zuschnitt abzüglich Kosten Cutter). Praxisbeispiele zeigen, dass hier enorme Fehlerkosten erreicht werden können. (Abb. 4)

Parallel zur Quantifizierung der Fehlerkosten findet eine Prozessanalyse dort statt, wo es notwendig ist, um die Ursachen der Ineffizienzen besser zu verstehen. Das bedeutet, es muss im Detail anhand eines Ablaufschemas festgehalten werden, wer was wann mit wem tut und wer darüber informiert wird. Dies ist mit Mengen- und Zeitgerüst (z. B. wie viele Teile werden produziert, wie lange dauert das etc.) zu hinterlegen. Entscheidend bei der Prozessaufnahme und v. a. -analyse ist, dass dies von einem kritischen, möglichst noch nicht „betriebsblinden" Menschen getan wird, da es nicht nur darauf ankommt, den Status quo aufzunehmen, sondern ihn gleichzeitig grundsätzlich zu hinterfragen.

Auf der Basis dieser Analyse werden dann die Abläufe so umgestellt, dass die Ursachen für die ineffizienten Prozesse beseitigt werden. Wichtig ist hier, dass klare Prioritäten gesetzt werden, die prinzipiell durch die jeweilige Höhe der Fehlerkosten per se definiert sind. (Abb. 5)

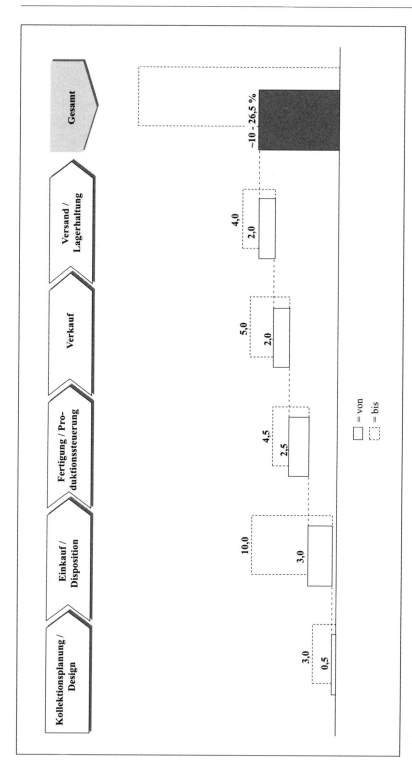

Abb. 4: Fehlerkosten in Prozent vom Umsatz

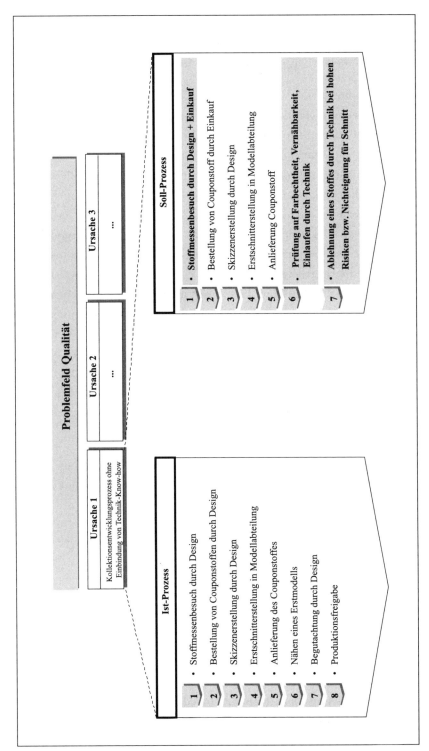

Abb. 5: Projektbeispiel – Prozessgrobaufnahme

Beispielhaft am Entwicklungsprozess erläutert heißt das, dass ein stringenter Planungsprozess installiert werden muss, auf dem dann sowohl die Musterung als auch die Modellerstellung und die Verdopplung beruhen kann.

Der **Planungsprozess** sollte optimalerweise bereits mit der Übergabe der vorherigen Kollektion beginnen. In einem Gremium, das sich aus Design, Produktmanagement, Modellmachern, Vertrieb, Einkauf und technischer Leitung zusammensetzt, sollten Erfahrungen, Trends etc. aus marktorientierter Sicht aufgenommen und verarbeitet werden. Unmittelbar im Anschluss muss ein Kollektionsrahmenplan erstellt werden, der die Anzahl der Modelle, Preislagen und Qualitäten festlegt. Dieser ist zu verknüpfen mit einer Saisonzeitschiene, d. h. einem zeitlichen Fahrplan, der vom Zeitpunkt der Kollektionsübergabe an rückrechnet, wann welche Modelle designed, modelliert, genäht, abgenommen etc. werden müssen. Idealerweise werden diese Daten systemtechnisch verarbeitet und sind jederzeit für alle Beteiligten aktuell im Soll/Ist-Vergleich abrufbar. Neben dieser technischen Lösung ist aber vor allem ab Abgabe des Mengengerüsts bis zur Kollektionsübergabe eine wöchentliche Abstimmungsrunde zwischen Technik, Produktmanagement und Modellabteilung notwendig, um Prioritäten zu setzen und sich abzeichnende Probleme frühzeitig zu lösen. Ein stringenter Planungsprozess beschneidet nicht per se die Kreativität des Designs, er kanalisiert diese nur. Letzten Endes sind es insbesondere die Anzahl der Modelle und ihre Farb-, Verarbeitungs- und Größenkomplexität, die die Kostentreiber im Gesamtunternehmen von Entwicklung bis Versand sind.

Der **Musterungsprozess** ist insbesondere so zu gestalten, dass die Qualitäten, die der Rahmenplan je Verkaufspreislage vorsieht, auch tatsächlich gemustert und zeitlich passend in das Unternehmen geliefert werden.

Der **Modellerstellungsprozess** sollte insbesondere auf die Nutzung adäquater Technik im CAD- und Zuschnittbereich abgestellt sein, d. h. dass die Schnitterstellung grundsätzlich via CAD läuft und der Zuschnitt über State-of-the-art-Cutter.

Der **Kalkulationsprozess** sollte insbesondere den Quervergleich mit dem Kollektionsrahmenplan und den darin festgelegten Soll-Verkaufspreislagen sicherstellen. Werden die Herstellungskosten im Sinne eines Target Costing nicht für die vorgesehene Verkaufspreislage erreicht, muss u. U. ein Korrekturprozess eingeläutet werden.

Beim **Verdopplungsprozess** kommt es in erster Linie darauf an, dass das Zeitfenster eingehalten und damit die günstigste Produktionsstätte gewährleistet wird. Außerdem muss aber auch über den Ablauf sichergestellt werden, dass die Teile in bestmöglicher Qualität produziert werden und qualitative Probleme, die mit Schnitt oder Ware zusammenhängen, frühzeitig zurückgemeldet werden, damit der Produktionsschnitt oder die Produktionsware entsprechend angeglichen werden können.

Nachfolgend sollen nun im Überblick die möglichen Fehlerkosten im Fertigungs-, Verkaufs- und Logistikprozess sowie im Qualitätsbereich beschrieben sowie die denkbaren Prozessanforderungen erläutert werden.

Typische Prozessfehler mit Kostenwirkung im **Beschaffungsprozess** sind zum einen die Über- oder Unterdisposition von Oberstoffen und Zutaten, die dann in Überhängen oder zu gering eingeteilten Produktionsmengen resultiert, zum anderen die Auswahl an zeitlich oder qualitativ unzuverlässigen Lieferanten, was dann in Termin- oder Qualitätsretouren mündet. Beispielhafte Soll-Prozess-Vorgaben können hier die Installation eines korrekten Hochrechnungsprozesses/-systems sein, die Limitierung von Dispositionsrechten auf ausgewählte Personen (da es hier häufig zu Dispositionskonflikten zwischen Einkauf, Produktmanagement und Vertrieb kommt), die Überarbeitung des Warenwirtschaftssystems zur korrekten Ausweisung von Oberstoffbeständen aller Haupt- und Nebenlieferanten jeweils nach den Klassifizierungen „frei" oder „reserviert" oder aber die Einführung einer konsequenten Warenschau inklusive eines Qualitätsbewertungsschemas für Lieferanten.

Prozessdefizite im **Fertigungsprozess** liegen in erster Linie im Produktionsplanungs- und -steuerungsprozess, also der qualitativ, quantitativ und zeitlich falschen Bestückung von Fertigungsbetrieben. Dies kann Auswirkungen auf die Herstellungskosten haben, da z. B. Produktionsaufträge zeitlich so konzentriert eingeteilt werden, dass zusätzliche teure Kapazitäten beschafft werden müssen, wo vorher geblockte – vielleicht sogar eigene – Kapazitäten leer gestanden haben. Saisonspitzen wird es immer geben, aber Einzelaufträge sind z. T. auch vorziehbar, wirken somit entlastend und glättend und schaffen dann Platz für tatsächlich spät kommende Aufträge. Daneben kommt es zu Qualitätsdefiziten, wenn man schließlich die Produktionsstätte nehmen muss, die verfügbar und nicht immer die am besten qualifizierte ist. Erstaunlicherweise kommt es aber auch zu Qualitätsproblemen, wenn Produktionsbetriebe unausgelastet sind und nicht genügend Produktionsdruck herrscht. Ein Aussteuern ist also in beide Richtungen notwendig.

Im **Verkaufsprozess** können Ineffizienzen im Innen- wie im Außendienst auftreten. Intern sind davon alle Abwicklungsaufgaben, d. h. die Auftragseingabe, die Stornierung von Kundenaufträgen, die Nichteinteilung von Orderaufträgen und die Vergabe von Prioritäten bei der Auslieferung betroffen. Extern bedeutet dies übermäßige

Kulanzretouren, Tätigung von Lagergeschäften unter Herstellungskosten sowie die Gewährung unkalkulierter Mindererlöse im Ordergeschäft. Prozessveränderungen müssen hier schnellere Auftragsbearbeitung, frühzeitige Kollektionsbereinigung und Umlegung von Modellen, Budgetkontrollen von Lagergeschäften und Mindererlösen sowie eine Kundenerfolgsrechnung zur Kontrolle der Kundengutschriften als Zielsetzung haben.

Im **Logistikprozess** beziehen sich Fehlerkosten auf Versandfehler, schlechte Versandsteuerung und damit die Versendung von Kleinstmengen (Anfall von Versandminimalen), hohe händische Kommissioniertätigkeiten, die eventuell ganz oder teilweise in den Produktionsbetrieb verlegt werden können, oder einfach nur die Zerstreuung der Lagerflächen auf verschiedene Gebäude und Etagen.

Hier sind Prozessveränderungen in der Regel nur durch eine verbesserte systemtechnische Unterstützung zu erreichen, bringen dafür aber auch relativ hohe positive Ertragseffekte mit sich.

Zusammenfassend kann man also sagen, dass mit der Fehlerkostenanalyse der erste Schritt zu einem Umdenken im Unternehmen getan wird, der unternehmensindividuell quantifiziert, wo die großen, prioritär zu bearbeitenden Ineffizienzblöcke liegen. Durch die begleitende Prozessaufnahme kann parallel aufgezeigt werden, wie diese abzustellen sind.

Anzumerken ist hier noch, dass es keine allgemeingültigen „Weisheiten" darüber gibt, wo die tatsächlichen Fehlerkosten liegen. Sie müssen grundsätzlich individuell analysiert werden. So gibt es z.B. keine Regel, wie man am besten mit Rohwarenüberhängen umgeht. Es ist nicht nur von Unternehmen zu Unternehmen unterschiedlich, sondern kann auch von Marke zu Marke völlig voneinander abweichen, ob man besser Rohwarenpostengeschäfte tätigt oder Lagerschnitte anfertigt.

2.2 Vor- und Nachteile

Die prinzipiellen Vorteile des Prozessansatzes, nämlich der **höhere Motivationsgrad** (Sach- vor Personalkosten sowie völlige Ursachentransparenz und damit Unbestreitbarkeit der Maßnahmen), der **dynamische Faktor** (Anpassungsfähigkeit an Veränderungen in der Organisation) sowie die **Garantie, an den richtigen Stellen** mit den richtigen Prioritäten anzusetzen, sind im Vorfeld bereits erwähnt und erläutert worden. Damit einher geht auch eine bessere **Controllingfähigkeit** des Umsetzungsgrades sowie die genaue Messbarkeit der Effekte in den einzelnen Positionen der GuV (Erlösschmälerungen, Retouren, Materialaufwand etc.). Zu den bereits beschriebenen Auswirkungen kommen jedoch noch zwei weitere Effekte, die insbesondere im schwieriger werdenden Marktumfeld ein deutliches Differenzierungskriterium zum Wettbewerb ergeben und daher nicht wichtig genug gewertet werden können – **Schnelligkeit und Qualität**. Diese beiden Kriterien werden durch den traditionellen Ansatz nicht gefördert, sondern eher gehemmt und wirken sich daher insbesondere mittelfristig stark negativ auf den Markterfolg (Verkaufsargument, Wettbewerbsdifferenzierung) des Unternehmens aus.

Beim Redesign aller Schlüsselprozesse wird das Unternehmen automatisch durch den Wegfall aller ineffizienten und unabgestimmten Tätigkeiten schneller und liefert in der Regel durch die stärkere Einflussnahme im Entwicklungs-, Dispositions- und Produktionsprozess auch merklich bessere Qualität.

Praxisbeispiele zeigen, dass der überwiegende Teil der Gesamtdurchlaufzeit vor dem eigentlichen Produktionsvorgang stattfindet (Ausnahme: Asien-Vollkaufgeschäfte). Diese „unternehmensinterne" Durchlaufzeit kann je nach Unternehmen bis zu 50 % gesenkt werden. Leicht positive Effekte werden auch durch die verbesserte Produktionssteuerung im externen Bereich erzielt, jedoch bewegen sich hier die Verbesserungspotenziale in der Regel nur bei bis zu maximal zehn Prozent.

Ähnliches gilt für die Qualität, die intern am besten über die Messung der Retourenquote gewertet werden kann, extern über Kundengespräche oder Handelsbefragungen. Üblicherweise findet man – je nach Unternehmen und Label – vor einem Prozessreengineering Retourenquoten von vier Prozent und sogar darüber. Wirklich unvermeidbar und damit auch realistisch nach einem Redesign erreichbar sind aber Retouren von nur ca. ein bis zwei Prozent. Neben der direkt messbaren GuV-Auswirkung spürt insbesondere auch der Handel die gestiegene Zuverlässigkeit bei Terminen, Schnitten, Fertigungs-, Finishing- und Oberstoffqualität und „bedankt" sich dafür mit dauerhaften Geschäftsbeziehungen.

Diesen Vorteilen stehen jedoch auch Nachteile gegenüber, die v. a. im erhöhten Analyseaufwand und den etwas langsamer als im traditionellen Ansatz wirkenden Ergebnisverbesserungen liegen. Das genaue Betrachten von Prozessen und den durch sie verursachten Kosten benötigt wesentlich mehr zeitliches und inhaltliches Engagement als das reine Definieren von Personalabbaumaßnahmen. Zweitere sind überdies auch meistens – nämlich nach den Kündigungsfristen und eventuellen Abfindungszahlungen – sofort in voller Höhe ergebniswirksam, während die Maßnahmen in der Wertschöpfungskette erst mit bis zu einer Saison Verspätung wirksam werden können. Das Redesign macht außerdem ein langfristiges Commitment der Geschäftsführung notwendig und damit auch ein gutes Verständigungsklima innerhalb der Führungsmannschaft, da abteilungsübergreifend gearbeitet werden muss. Hier kommt es erfahrungsgemäß häufig zu tiefer greifenden Konflikten zwischen Technik und Vertrieb, die den Fortschritt durchaus schwer behindern können. Der traditionelle Ansatz beinhaltet zwar ebenfalls Konfliktpotenzial, jedoch ist dieses zeitlich auf eine Phase des „tiefen Schnitts" begrenzt.

Letztendlich kann man bei Abwägen der Vor- und Nachteile deutlich erkennen, dass die Vorteile des Prozessansatzes überwiegen. Dies schließt jedoch keinesfalls aus, dass eine Kombination beider Methoden unter Umständen durchaus Sinn machen kann. Das hängt von der wirtschaftlichen Lage des Unternehmens und der Unternehmenskultur ab und muss individuell entschieden werden. Ein Redesign der Wertschöpfungskette bietet sich jedoch grundsätzlich auch für Unternehmen an, deren wirtschaftliche und marktliche Stellung noch unbedenklich erscheint.

3 Praxiserfahrungen bei der erfolgreichen Umsetzung des Prozessansatzes

Erfolgreiche Umsetzungsbeispiele des beschriebenen Ansatzes gibt es in ausreichender Menge, sowohl bei Markenbekleidern unterschiedlicher Genres als auch im No-Name-Segment. Sie folgen in der Regel weder in der Höhe und Verteilung der Fehlerkosten einem bestimmten Muster noch in der Schnelligkeit der Potenzialhebung. Lediglich ein Punkt gilt als erfolgsentscheidend: Die Geschäftsleitung muss von der Notwendigkeit und Richtigkeit der Methodik überzeugt sein und gegebenenfalls einmal mit einer gewissen Härte eingreifen, um Beschlüsse durchzusetzen. Manch eine Tätigkeit wird nicht ausgeübt, weil sie *sinnvoll für den Wertschöpfungsprozess ist, sondern weil sie einen bestimmten Machtfaktor mit sich bringt, sie die Unersetzbarkeit eines Mitarbeiters markiert* oder einfach nur, weil sie die Arbeit angenehm und bequem macht. Es verlangt ein hohes Maß an Motivierungsfähigkeit seitens des Managements und einen tieferen Einblick insbesondere in die beiden Bereiche „Vertrieb" und „Technik", um hier unbeirrt voranzukommen. Letzten Endes kann man aber für

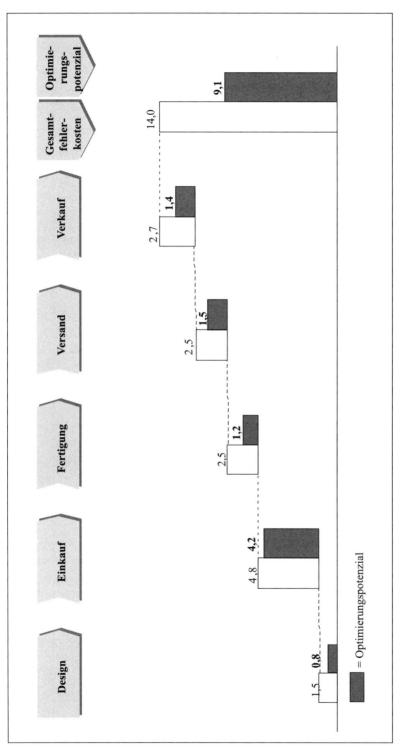

Abb. 6: Praxisbeispiel eines hochwertigen Bekleidungsherstellers: Optimierung vs. Fehlerkosten (in % vom Netto-Umsatz)

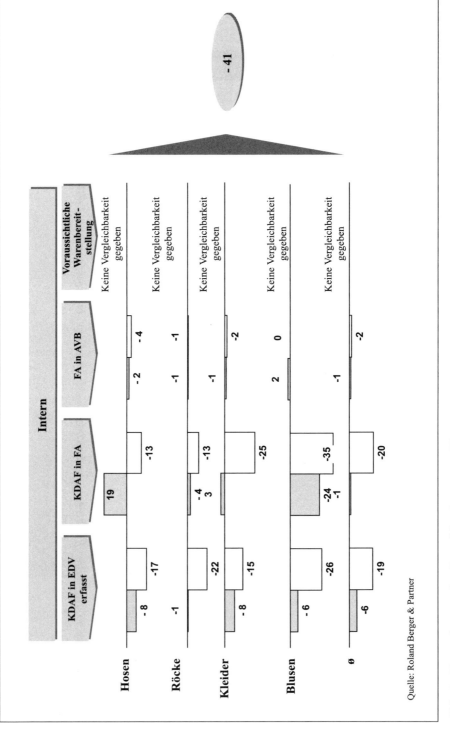

Abb. 7: Veränderung der Durchlaufzeiten in Tagen

Quelle: Roland Berger & Partner

alle Unternehmen, so verschieden die Fehlerkostenquellen auch sein mögen, sagen, dass bei einem engagierten Management über 50 % der Fehlerkosten, ein Großteil davon sogar binnen eines Jahres, beseitigt und damit die internen Durchlaufzeiten bis zu 50 % gesenkt werden können. Im Folgenden sollen zwei Beispiele nochmals den Ansatz und seine Umsetzungserfolge beschreiben. Anschließend werden Unterschiede bei der Umsetzung zwischen Marken- und No-Name-Herstellern aufgezeigt. (Abb. 6 und 7)

3.1 Markenhersteller

Markenhersteller verzeichnen typischerweise relativ hohe Fehlerkosten im Entwicklungs- und Qualitätsbereich. Alleine im Entwicklungsbereich fallen häufig zwischen drei und fünf Prozent vom Umsatz an Fehlerkosten an, die insbesondere zurückzuführen sind auf

a) einen hohen Anteil zwar bestellter, jedoch nie genutzter Coupon-/Musterware,
b) eine hohe Anzahl entwickelter, d. h. genähter Musterteile, die noch vor Kollektionsübergabe verworfen werden sowie
c) eine Vielzahl an entwickelten und teuer verdoppelten Kollektionsteilen, die nicht verkauft wurden.

Selbstverständlich liegt es in der Natur der Marke, dass sie von Innovation und damit Entwicklung lebt. Gerade das gilt aber offensichtlich als Entschuldigung dafür, dass in diesem Bereich unnötig ineffizient gearbeitet wird. In der Praxis wird ohne Kollektionskonzept gemustert, zeitliche Restriktionen (Übergabetermine etc.) vom Design werden nicht beachtet, und es findet zu wenig Abstimmung mit der Technik über Schnitte und Materialien statt. Viele Qualitätsprobleme stehen direkt mit dem Entwicklungsprozess in Verbindung, da die Kreativabteilung vielfach technisch schwierig bzw. gar nicht lösbare Entwürfe hervorbringt. Markenhersteller haben daher auch häufig um zwei bis drei Prozentpunkte höhere Qualitätsfehlerkosten als No-Name-Hersteller, obwohl No-Names insbesondere durch die Individualisierung von Formen (Ausstattungsänderungen, Labeländerungen und Etikettierungsvarianten) in der Produktion eine wesentlich höhere Komplexität managen müssen als Markenartikler und außerdem vielfach mit minderqualitativen Produktionsbetrieben arbeiten müssen.

Weniger kritisch ist bei den Markenherstellern dagegen das Thema Durchlaufzeiten – nicht etwa weil diese bereits besonders optimiert wären, sondern weil sie bislang weniger erfolgskritisch sind als dies bei No-Names, die während des ganzen Jahres konstant mustern, der Fall ist. Sollten sich in Zukunft jedoch die Kollektionsrhythmen auch für Markenhersteller auf breiter Basis weiter verkürzen, wird es auch dort zu Problemen kommen.

Ebenso unkritisch sollten der Dispositions- und Produktionsprozess sein, da man mit den Einteilungen z. T. auf erste Verkaufsergebnisse warten kann und man außerdem auch über einen gewissen Erfahrungsschatz bei den Standardartikeln verfügt. Zudem sind die Zeiten, die für die Einteilung und Produktion zur Verfügung stehen, aufgrund der meist fixen Ausliefertermine großzügiger bemessen, und es handelt sich im Regelfall auch um vergleichsweise homogene Losgrößen, die leichter verteilbar sind.

Praxisbeispiele zeigen, dass Markenartikler aufgrund ihres höheren „Selbstbestimmungsgrades" ihre Fehlerkosten üblicherweise fast vollständig selbst verursachen. Daher sind sie auch schneller und umfangreicher zu beseitigen, wenn erst einmal Einvernehmen herrscht. Eine Gesamtfehlerkostensumme, die über drei Prozent vom Umsatz hinausgeht, ist in jedem Fall unnötig und kann daher reduziert werden.

3.2 No-Name-Hersteller/Lieferanten für Key-Accounts

No-Name-Hersteller verzeichnen typischerweise eher geringe Fehlerkosten in der Entwicklung, dafür jedoch häufig relativ hohe Ineffizienzen in den Dispositions- und Produktionsprozessen.

Die Entwicklung ist in der Regel relativ zeitnah und am Kundenwunsch ausgerichtet, daher ist das Design zwangsläufig marktseitig in seiner „Schaffenskraft" gehemmt. Außerdem entfallen teure Verdopplungskosten und die Frage, wo verdoppelt wird, ganz generell. Ein kritischer Punkt ist der Schnitterstellungsprozess, da hier z. T. noch mit Pappschnitten gearbeitet wird und entsprechend ein händischer Zuschnitt erfolgt, obwohl gerade im No-Name-Segment ein hoher Anteil Standard- und Wiederholungsmodelle bestehen. Diese können durch ein CAD-System mit angeschlossenem Cutter wesentlich kostengünstiger und auch schneller bearbeitet werden, wobei zu Stoßzeiten auch hier insbesondere am Cutter Flaschenhalseffekte auftreten können. Eine Analyse des durchzuschleusenden Durchschnitts- und Maximalmengengerüstes je Woche und Monat sowie der Vergleich mit der Kapazität eines Cutters, dessen Leistungsfähigkeit sehr unterschiedlich ist, gibt Aufschluss über die Rentabilität einer solchen Anschaffung.

Relativ fehlerkostenanfällig sind Eigenmarkenhersteller jedoch im Bereich Disposition und Produktion. Im Bereich der Disposition besteht das Problem, dass die Key-Accounts derart kurze Auslieferungsrhythmen vorgeben, dass der Hersteller hier mit einer Disposition nach Auftragsvergabe kaum zu Rande kommt und daher häufig in die Vorleistung, d. h. das Bestandsrisiko, geht. Werden die Aufträge dann nicht oder nur in Kleinstmengen eingeteilt, liegen häufig riesige Metragen auf Lager und müssen u. U. zum Kilopreis verkauft werden. Außerdem arbeiten Key-Accounts, v. a. Versender, häufig mit sehr späten Einteilungen, so dass aufgrund von abweichenden Größenspiegeln auch hier vielfach hohe Unter- oder Überbestände vorkommen können.

Die Potenzialfreisetzung ist hier relativ schwierig, da Druck auf den Hersteller seitens des Handelskunden ausgeübt wird. Hier müssen Einzelvereinbarungen über Risiko-sharing oder Mindestmengengarantien verhandelt werden. Letztendlich muss eine Kundenerfolgsrechnung Aufschluss darüber geben, ob sich auch bei Berücksichtigung solcher Effekte die Fortführung einer Geschäftsbeziehung für den Hersteller noch lohnt.

Im Produktionsprozess entstehen aus ähnlichen Gründen, insbesondere aber durch die späten Einteilungen von großen Losgrößen, hohe Zusatzkosten. Die damit verursachten Saison-Peaks übersteigen das Kapazitäts-Level eines Produktionsportfolios, das während des gesamten Jahres konstant durchversorgt werden muss. Dies bedeutet, dass zunächst Bänder frei sind, während später auf Kapazitäten mit Minutenfaktoren von 70–80 % über Normalwerten zurückgegriffen werden muss. Durch die hohen Mengen, die solche Unternehmen in den Hauptmonaten produzieren lassen, schlagen solche Kostennachteile stark auf die Herstellungskosten durch. Ein Teil der Kapazitätsengpässe ist unvermeidbar und geschäftsimmanent. Trotzdem ist es möglich, bei konsequenter Früheinteilung und Verwendung eines systemgestützten Kapazitätsplanungssystems die Spitzen auf ein kostenneutrales Niveau zu senken. Wichtig ist hier, dass nicht der Vertrieb, sondern die Arbeitsvorbereitung entscheidet, wann welche Mengen in Produktion gehen. Damit muss natürlich auch der Dispositionsprozess zumindest systemtechnisch mit der Produktionsplanung verknüpft werden.

Die Fehlerkosten, die bei No-Name-Herstellern entstehen, sind für gewöhnlich schwieriger beeinflussbar als bei Markenartiklern, da hier ein hohes Maß an durch den Handel verursachten Ineffizienzen vorliegt. Trotzdem sollte auch hier ein Wert von vier Prozent vom Umsatz nicht überschritten werden.

Abschließend kann man also bemerken, dass bei der Optimierung der Wertschöpfungskette je nach Unternehmensstrategie unterschiedliche Schwerpunkte entstehen, die Optimierung jedoch in jedem Fall Ergebnisverbesserungspotenziale in substanzieller Höhe und eine Verkürzung der Durchlaufzeit mit sich bringt und daher unbedingt empfehlenswert ist.

Holger Keisinger/Thomas Kleinhenz*

Kapitel 2.1.2

Kundenorientierte Vertriebsorganisation

Inhalt

* Holger Keisinger ist Berater im Geschäftsbereich Konsumgüter bei Roland Berger & Partner International Management Consultants. Aufgrund einer Vielzahl von Projekten in der Bekleidungs- und Sportindustrie verfügt er über breite Erfahrungen im Redesign der textilen Wertschöpfungskette und der Ausrichtung von Vertriebsorganisationen.

* Dr. Thomas Kleinhenz ist Projektmanager im Geschäftsbereich Konsumgüter/Handel bei Roland Berger & Partner International Management Consultants. Er verfügt in und außerhalb der Beratung über eine langjährige Erfahrung in der Bekleidungs- und Konsumgüterbranche mit funktionalem Schwerpunkt auf Vertriebsfragen.

Zwischen Markenhersteller und Handel ist die Machtverteilung noch ausgewogen. Für die übrigen Segmente in der Bekleidungsindustrie gilt das jedoch nicht. Auf der Handelsseite haben sich die Großen – Filialisten, Branchenfremde und Discounter – in einem harten Verdrängungswettbewerb durchgesetzt. Die Luft für die mittelständisch geprägten Bekleidungshersteller wird dünner.

Dieses Ungleichgewicht spiegelt sich natürlich auch in der kundenbezogenen Umsatzverteilung der Hersteller wider: Beruhte in der Vergangenheit noch bis zu 80 % des Umsatzes auf den Orders des nicht filialisierten Fachhandels, so sind die Hersteller heute in hohem Maße von den Großen im Bekleidungshandel abhängig. Zunehmend dominiert der Handel die Form und Art der Zusammenarbeit und verlangt Anpassungen seitens der Hersteller.

Organisatorische Konsequenzen im Unternehmen beziehungsweise in der Vertriebsstruktur wurden allerdings bisher kaum gezogen – die zentralen Konditionenverhandlungen mit den Großkunden ausgenommen. Ein Verlust der Key-Accounts hätte jedoch für die meisten Unternehmen fatale Auswirkungen. Die hohen Umsatz- und Ertragseinbußen würden viele nicht verkraften. Die Devise müsste folglich lauten: „Der Key-Account ist König!"

„Wie schaffe ich es, dass sich mein Großkunde wie ein König fühlt?", „Was soll sich in der Betreuung meiner Key-Accounts ändern?" Diese Fragen werden in folgendem Artikel beantwortet. Als Vorgeschmack sei nur soviel verraten: Vertriebsinnen- und -außenorganisation sind zu Servicegesellschaften umzubauen und auf ein Key-Account-Management auszurichten. Darauf aufbauend müssen Handel und Hersteller wie in der Kosmetik- und Lebensmittelindustrie enger zusammenarbeiten. Ergebnisse dieser Zusammenarbeit sollen gemeinsam entwickelte und am Markt überlegene Konzepte sein, die im wettbewerbsintensiven Umfeld für beide Partner zufriedenstellende Umsätze und Roherträge langfristig sichern.

1 Veränderte Handelsstrukturen erfordern veränderte Vertriebsstrukturen der Hersteller

Während der Bekleidungshandel an Marktmacht gewonnen hat, haben die Hersteller zunehmend an Einfluss verloren. Ursachen sind sowohl die wachsende Konzentration des Handels als auch die zunehmende Vertikalisierung. Die Hersteller müssen nun Strategien entwickeln, wie sie ihre Vertriebsstrukturen an die neuen Marktbedingungen anpassen können, um langfristig wieder mehr Marktmacht zu erhalten.

Drehen wir das Rad der Geschichte nur 15 Jahre zurück – in die goldenen Zeiten der Bekleidungsbranche: Der Handel setzte sich zu über 55 % aus mittel- und kleinständischen Fachhändlern zusammen. Marktführer war mit großem Abstand *C&A*, der zweitgrößte Bekleidungshändler war *Karstadt* und machte in etwa 45 % des heutigen Textilumsatzes. Die Bekleidungshersteller konnten über ihren regional organisierten Außendienst vertreiben, da auch die großen Kunden noch einen meist regionalen Einkauf hatten. Der Kuchen war groß genug für alle.

Heute ist der Kuchen kleiner geworden, und es gibt nur noch wenige große Kuchenstücke. Der vertikalisierte, zum Teil ausländische Einzelhandel ist für den Großteil der deutschen Bekleidungshersteller nicht mehr erreichbar. Gleichzeitig haben sich die großen Händler durch massive Expansionsstrategien und Firmenzukäufe weiter deutlich vergrößert: Beste Beispiele sind *K&L Ruppert* und *Peek & Cloppenburg*. *K&L Ruppert* hat nach Jahren der Stagnation seine 24 Filialen im Jahr 1990 auf aktuell 37 Filialen ausgebaut. *P&C*, Düsseldorf, hat sein Filialnetz von etwas über 20 Häusern im Jahr 1980 auf 64 Häuser im Jahr 2000 verdreifacht. Zusätzlich konnte der Ausbau der Marktmacht durch die Herrenmodekette *„Anson's"* mit aktuell insgesamt 15 Filialen vorangetrieben werden.

Hinzu kommt, dass die großen Einzelhändler, ob Filialist oder Versender, einen beträchtlichen Anteil ihrer Waren selbst beschaffen und damit einen wesentlichen Teil der Wertschöpfung von den Herstellern übernommen haben. So schwanken die Quoten der Eigenimporte in den einzelnen Sortimenten bei großen Filialisten wie *Sinn/Leffers*, *P&C* und *Karstadt* etc. zwischen 40 und 80 %. Bisher konzentriert sich die Eigenbeschaffung mehrheitlich auf die preiswerteren Einstiegspreislagen. Aber in den Einkaufszentralen wird erwogen, auch Ware in der oberen Mitte selbst zu kaufen.

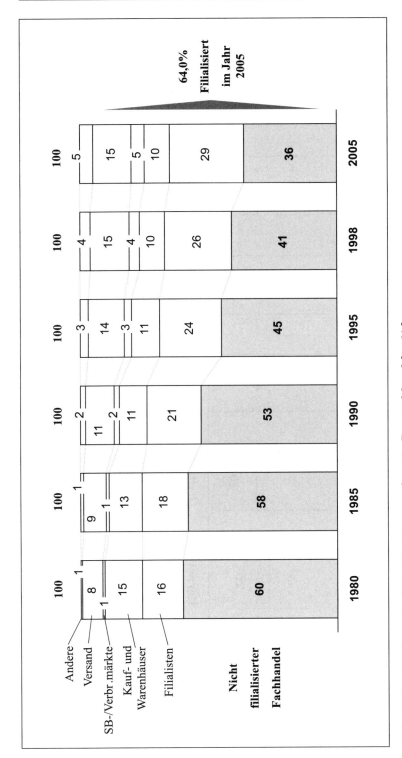

Abb. 1: Entwicklung der Distributionsstruktur in Deutschland [in %]

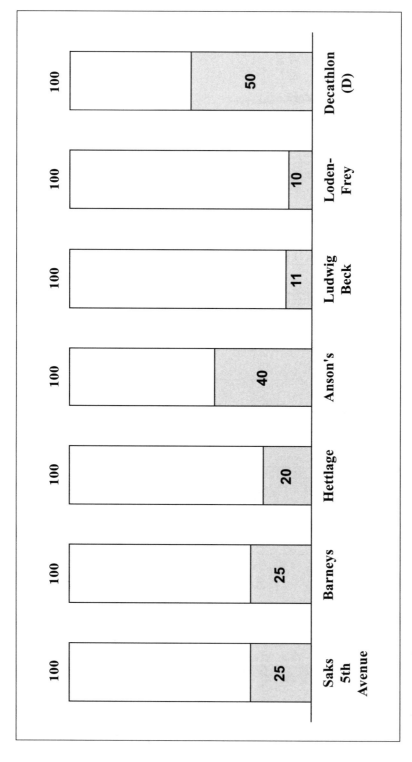

Abb. 2: Anteil der Eigenmarkenprogramme an den Unternehmensumsätzen [in %]

Diese Entwicklung ist nur eine konsequente Fortführung der bisherigen Strategie, neben Herstellermarken auch einen steigenden Anteil an Eigenmarken anzubieten. Der Handel will sich mehr und mehr selbst in Szene setzen, nicht nur im Sinne einer preiswerten Sortimentsabrundung. Moderne Eigenmarkenprogramme umfassen schon heute nicht mehr nur Ware im unteren Preissegment. Hochwertige Händler und Filialisten wie *Saks Fifth Avenue, Mey&Edlich, Ludwig Beck* etc. haben längst Eigenmarkenprogramme entwickelt und bauen diese kontinuierlich aus.

Ein Blick zu unseren Nachbarn in Frankreich, Großbritannien und den Niederlanden zeigt dem deutschen Handel und den deutschen Herstellern klar, dass sich die Entwicklung der letzten zehn Jahre unvermindert fortsetzen wird. In Frankreich hat der Fachhandel gerade noch 25 % Marktanteil, in Großbritannien 14 %. Zudem beherrschen zum Teil sehr große Händler den Markt, wie *El corte inglés* in Spanien und *Marks & Spencer*, der in Großbritannien einem Marktanteil von 15 % innehat. Die traditionsreichen britischen Bekleidungshersteller sind hochgradig abhängig von *Marks & Spencer*. Der Bekleidungshersteller *William Baird* beispielsweise macht ca. 40 % seines Umsatzes mit *Marks & Spencer, Dewhirst* sogar 95 %. Durch die Auslistung bei der früher durch ihre Lieferantentreue bekannten *Marks & Spencer*-Gruppe steht beispielsweise *William Baird* Ende des Jahrtausends vor einer schweren Unternehmenskrise. In Ansätzen ist diese Entwicklung auch bei Lieferanten von *C&A* zu beobachten.

Ein derartiges Szenario soll für Deutschland keineswegs heraufbeschworen werden. Aber es unterstreicht, dass in der Bekleidungsbranche der Machtkampf zugunsten des Handels entschieden ist. Auf der Handelsseite steht ein stärker werdendes Oligopol einer noch immer mittelständisch geprägten Bekleidungsindustrie auf der Herstellerseite gegenüber – in Deutschland wie auch in Frankreich, Spanien oder Großbritannien. Die Lieferantenkonzentration im Handel hat bisher noch nicht zu einer nennenswerten Konzentration auf der Herstellerseite beigetragen. Einige traditionelle Hersteller sind zwar vom Markt verschwunden. Die Fusionswelle auf der Herstellerseite setzt bisher jedoch nur sehr allmählich ein, was durch den aktuellen Marktanteil der Top 10 von gerade 11 % anschaulich wird. Auch künftige Fusionen in Deutschland oder Westeuropa werden die Machtstrukturen der Branche nicht nachhaltig verändern können.

Viele mittelständische Traditionsunternehmen haben strategisch ihr Heil darin gesucht, sich als Markenunternehmen zu positionieren, um ihre Machtposition gegenüber dem Handel wieder zu verbessern. Dies hilft jedoch nur partiell, denn auch bei den Markenunternehmen ist der Machtkampf weitgehend entschieden. In Deutschland

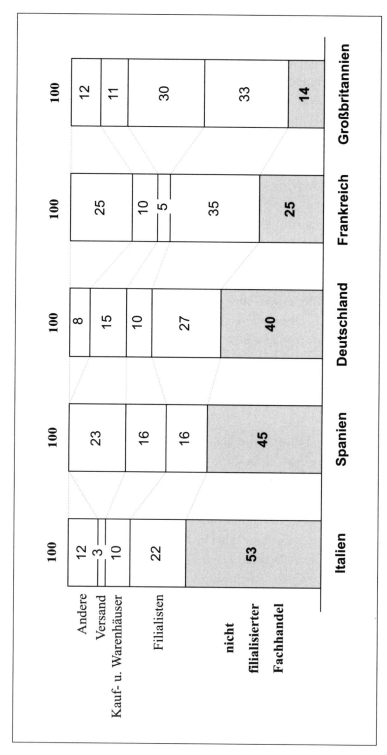

Abb. 3: Distributionsstruktur für das Jahr 2000 im internationalen Vergleich [in %]

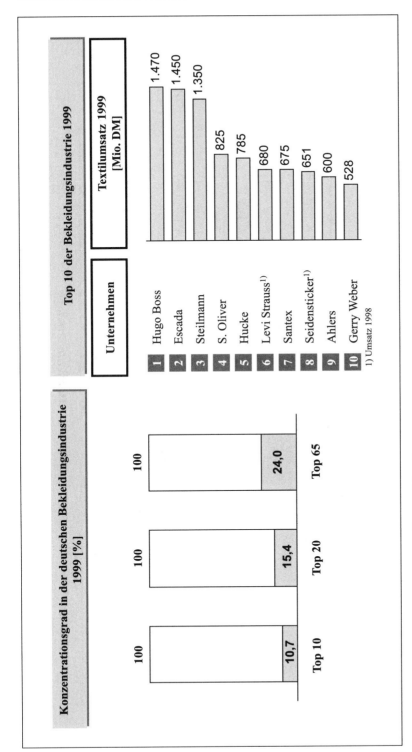

Abb. 4: Herstellerkonzentration in Deutschland

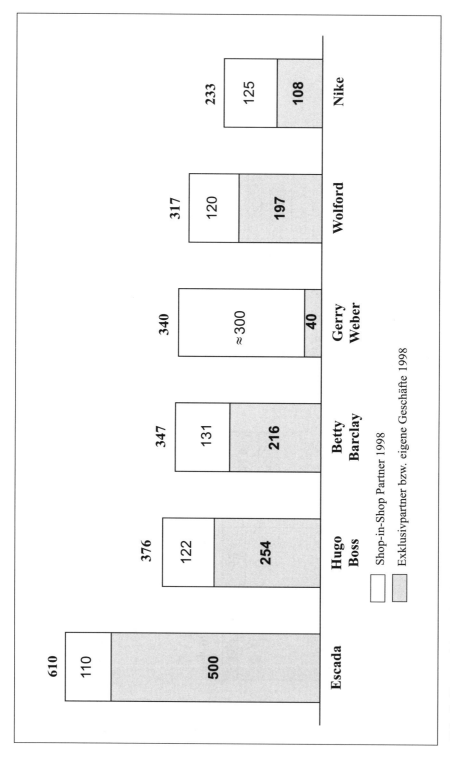

Abb. 5: Entwicklung der kontrollierten Distribution bei Markenherstellern

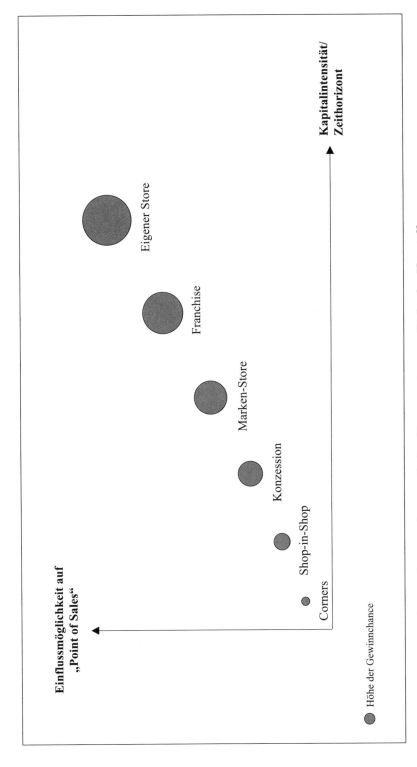

Abb. 6: Formen und Auswirkungen der vertikalen Kooperation aus Sicht der Hersteller

gibt es noch eine „Balance of power", zumindest für die Hersteller starker Endverbrauchermarken. Ein Blick nach Großbritannien und in die USA zeigt jedoch, dass auch große Marken wie *Escada* und *Boss* unter dem Diktat der großen Händler wie etwa *Harrods* oder *Saks Fifth Avenue* stehen. Betrachtet man die strategischen Stoßrichtungen der globalen Marken, wird deutlich, dass Marke allein kein Schutz vor dem mächtigen Handel ist. Nur die Vertikalisierung erhält Markenherstellern ihre Unabhängigkeit. Dies lässt sich sowohl bei deutschen Marken wie *Adidas, Boss* und *Escada* als auch bei internationalen Marken wie beispielsweise *Wolford, Armani* oder *Nike* beobachten. *Nike* hat bisher 125 Shops bei deutschen Händlern eröffnet. *Wolford* hat seine Strategie geändert und neben bisher 120 Shop-in-Shops zusätzlich auch 197 Franchisepartner oder eigene Geschäfte aufgebaut.

Innerhalb der Bandbreite von Vertikalisierungsformen stellt die Kooperation mit dem Handel über Corners oder Shop-in-Shop eine risikolosere und nur wenig kapitalintensive Alternative dar. Die Einflussnahme auf den „Point of Sales" ist mit einem Merchandise-Service jedoch bereits ausgeschöpft. Soll die Möglichkeit der Einflussnahme und Gestaltung am „Point of Sales" tiefgreifender sein, muss sich der Hersteller auf kapitalintensivere und längerfristige Kooperationen oder gar einen selbst geführten Store einlassen. Dem zunehmenden Investitionsbedarf bei den Vertikalisierungsalternativen steht die ebenfalls zunehmende Gewinnchance gegenüber. Im Falle des in Eigenregie geführten Geschäfts kommt die komplette Marge des sonst eingeschalteten Händlers dem Hersteller zugute. Der eigene Einzelhandel ist daher eine durchaus lukrative Alternative bei den Vertikalisierungsüberlegungen. Voraussetzung ist es jedoch, bei beratungsintensiver Bekleidung dauerhaft mindestens einen Umsatz von 7.000 DM/qm zu erreichen. Wer nur in die 1a-Lagen der großen Städte strebt, sollte seine Umsatzerwartungen auf der Fläche noch deutlich nach oben korrigieren. Bei den großen höherwertigen Markenherstellern sind die wirtschaftlichen Voraussetzungen noch am ehesten zu erfüllen. Neben *Armani, Zegna* und *Escada* steigt nun auch der weltgrößte Bekleidungshersteller *Sara Lee* mit seinen mittelpreisigen Marken wie z. B. *Playtex, Dim* etc. in die Vertikalisierung ein und plant in ausgewählten Städten Europas eigene Läden aufzubauen. Sortiments- und Handelsmarken wie *Gardeur, Trumpf, Marcona* etc. fehlt die Zugkraft für solche strategischen Ansätze. Exklusive Labels wie *Allegri, St. Emile* etc. sind zu klein.

Für alle Hersteller, die diesen sehr kapitalintensiven und riskanten Weg nicht mitgehen können, bleibt nur die Möglichkeit, ihr Geschäftssystem stärker auf die Bedürfnisse ihrer Kunden auszurichten. Das geschieht in allen Branchen, ob Automobilzulieferer oder Airlines. In der Bekleidungsbranche steht jedoch der kulturelle Umbruch in vielen Köpfen noch bevor: Der Machtkampf ist entschieden, die Hersteller müssen ihren Vertrieb und ihren gesamten Geschäftsprozess neu ausrichten, um nicht endgültig zu den Verlierern zu gehören. Dies gilt in erster Linie für die Nicht-Markenhersteller.

Die Auswirkungen des Machtkampfes im operativen Verkaufsgeschäft spüren Vertriebsleiter und Außendienstmitarbeiter täglich am eigenen Leib. Das Produkt selbst ist nur einer von vielen Erfolgsfaktoren, die die Hersteller im Umgang mit den großen Einzelhändlern beherrschen müssen. Hinzu kommen die Shop-Konzepte, Abrufprogramme, Sonderanfertigungen, Fixe Liefertermine etc. Trotz dieser wachsenden Nebenleistungen, Preiszugeständnissen und Zahlungsbedingungen mit 4 % Skonto bei Zahlung innerhalb von 15 Tagen muss sich das Geschäft noch immer rechnen.

Wer erfolgreich mit dem internationalen Einzelhandel umgehen möchte, muss auch verstehen, dass der Handel nicht nur mächtiger geworden ist, sondern auch seine Aufgaben und Leistungen anders definiert als noch vor zehn Jahren, ohne jedoch damit selbst erfolgreicher zu sein. Dabei sind zwischen den einzelnen Betriebsformen des Handels sehr große Unterschiede zu beobachten. Schaut man über die nationalen Grenzen hinweg, wird deutlich, dass die Handelssysteme noch vielfältiger sind. So gibt es auf der einen Seite Bekleidungshäuser wie *Harrods*, die – unabhängig von den Vertikalisierungspräferenzen des Herstellers – von ihren Lieferanten ganze Flächenbewirtschaftungsprogramme in Form von Konzessionen erwarten, und auf der anderen Seite Bekleidungshäuser wie *P&C*, die ihre Geschäfte trotz zahlreicher Angebote für Shops fast ausschließlich in Eigenregie führen und keinen Einfluss auf die Ladengestaltung zulassen.

Allen gemeinsam ist jedoch die *zunehmende Professionalisierung des Einkaufs*, die letztlich auf einer *hohen Informationstransparenz der Handelsketten* beruht:

1. Der Zentraleinkauf verfügt über eine exzellente Preistransparenz, nicht zuletzt weil die Zentraleinkäufer selbst Ware in Europa und Fernost einkaufen.

2. Der Zentraleinkauf ist zunehmend gesteuert von Abverkaufsquoten und Flächenproduktivitäten und hat im Zeitalter moderner EDV-Warenwirtschaftssysteme eine hohe Transparenz in Bezug auf den Erfolg einzelner Artikel und Kollektionen.

3. Der Handel hat traditionelle Leistungen, wie die Kommissionierung, die Etikettierung etc., auf die Lieferanten zurückverlagert.

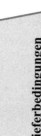

Zahlungs-bedingungen

- 4% Skonto innerhalb von 15 Tagen
- 2,5% Skonto innerhalb von 30 Tagen
- Ab 60 Tagen netto

Lieferbedingungen

- Frei-Haus-Lieferungen
- Vorgabe der Speditionen
- Fixe Liefertermine für Erstorder
- Vertragsstrafe bei Nichteinhaltung der Liefertermine
- Einhaltung definierter, mehrseitiger ...
  - Versandvorschriften
  - Verpackungsvorschriften
  - Warenauszeichnungsvorschriften

Musterversand

- Musterteile müssen in doppelter Ausfertigung erstellt werden
- Musterteile müssen gratis zur Verfügung gestellt werden

Abb. 7: Beispielhafte Einkaufsbedingungen von Key-Accounts

An diesen Entwicklungen kommen die Hersteller nicht mehr vorbei. Leider haben viele fachhandelsorientierte Bekleidungshersteller dies bisher nicht akzeptiert. In anderen Konsumgüterbranchen sind diese Geschäftsprinzipien jedoch längst „Business as usual". Jedes Lebensmittelprodukt, das keine akzeptable Abverkaufsquote erzielt, wird innerhalb kürzester Zeit wieder ausgelistet. Daraus folgt, dass Hersteller und Händler gemeinsam die Bedürfnisse des Konsumenten verstehen und entsprechende Produkte anbieten müssen. Letztlich sitzen Handel und Hersteller in einem Boot. Für den Hersteller bedeutet das, die Verantwortung für den Abverkauf des Produktes mitzutragen. In den USA müssen dem Handel oftmals Garantien für Roherträge gegeben werden, um überhaupt gelistet zu werden. Die Rücknahme von Ware gehört ebenfalls zu einem wichtigen Kooperationsfeld. Bei diesen Serviceangeboten müssen die deutschen Bekleidungshersteller noch Nachhilfestunden nehmen.

2 Strategien für eine kundenbezogene Vertriebsorganisation

Um den veränderten Kundenbedürfnissen gerecht zu werden, müssen die Hersteller ihren Vertrieb komplett umstrukturieren. Key-Account-Management ermöglicht die gezielte Ausrichtung auf den Kunden. Die Vertriebsorganisationen werden dabei zu Servicegesellschaften.

2.1 Lernen von anderen Branchen

Beispiele für bestehende kundenorientierte Vertriebsorganisationen finden sich in zwei Konsumgüterbranchen, die ansatzweise vergleichbar sind: die Lebensmittelbranche und die Kosmetikbranche. In beiden Branchen gibt es eine relativ hohe Konzentration im Handel, beide Branchen haben ein teilweise regional und saisonal differenziertes Geschäft. In der Lebensmittelindustrie gibt es kaum noch Markenhersteller, die nicht auch Eigenmarken produzieren. Die Firma *Storck* hat beispielsweise neben ihren erfolgreichen Marken *Merci, Toffifee, After Eight* etc. eine Schokoladensparte, die ausschließlich Eigenmarken für *Aldi* produziert, und die Firma Stute hat sich mit ihren Marmeladen sogar zunehmend auf Eigenmarken spezialisiert. Die Fokussierung auf Eigenmarken birgt zwar das Risiko einer hohen Abhängigkeit vom Kunden – meist internationale Handelsketten –, jedoch kann sie auch äußerst ertragreich sein. Erfolgsentscheidende Voraussetzung dafür ist, dass dem Handel ein zusätzlicher Wert geboten werden kann, der in Produktqualität, Zuverlässigkeit und Service besteht. Diese Erfolgskriterien sind dieselben wie in der Bekleidungsbranche. Unterschiedlich ist nur, dass summa summarum die Handelsmacht in der Lebensmittelindustrie höher ist, was durch einen Filialisierungsgrad von 80,4 % im Jahr 1998 eindrucksvoll belegt werden kann.

In einer ähnlichen Situation wie die Bekleidungsbranche befindet sich die Kosmetikbranche, die mit einem Filialisierungsgrad von 62 % auf Handelsriesen wie *Metro* und *KarstadtQuelle* angewiesen ist. Die Abhängigkeit trifft nicht nur den eigentlichen Vertrieb, sondern insbesondere auch das Marketing. Im Parfümerieteilmarkt verfügt *Douglas* über einen Marktanteil von rund 40 %. Die Einführung neuer Produkte ist praktisch nur in Zusammenarbeit mit den Warenhauskonzernen *Karstadt* und *Kaufhof* und in erster Linie den *Douglas*-Filialen möglich. Die Folge solcher Konzentrationstendenzen war, dass die Kosmetikindustrie ihren ursprünglich auf den nicht filialisierten Fachhandel orientierten Vertrieb in den letzten zehn Jahren komplett umgestellt hat. Die umsatzstarken Kunden erhielten innerhalb der Vertriebsorganisation die ihnen angemessene zentrale Bedeutung. Die regionalen Verkaufsorganisationen existieren weiterhin, sie haben jedoch eine veränderte Aufgabenstellung.

Die Einführung des Key-Account-Managers in der Lebensmittelindustrie liegt mittlerweile 20 Jahre zurück. Die Aufgaben haben sich seitdem jedoch nicht verändert. Mehr denn je ist der Key-Accounter heute ein entscheidender Erfolgsfaktor in der ebenfalls durch Stagnation und Strukturwandel geprägten Lebensmittelbranche. Aufgabe des Key-Accounter ist daher, sich ganz um die Bedürfnisse der Großkunden zu kümmern, die mit der traditionellen Außendienstorganisation nicht ohne hohen internen Aufwand zu befriedigen sind. Denn die Key-Accounts zeichnen sich in der Konsumgüterindustrie nicht nur durch ein größeres Filialnetz und einen hohen Umsatzanteil aus, den es zu sichern gilt, sondern auch durch erweiterte Anforderungen an die Leistungen des Herstellers. Auf den ersten Blick zeigen sich die unterschiedlichen Anforderungen bereits darin, dass einerseits die zentralen Themen (z. B. Orders, Preise, Konditionen, Marketing) mit der Zentrale bzw. dem Hauptgeschäft zu verhandeln sind, andererseits jedoch die landesweiten Verkaufsflächen mit geringem, eigenständigem Ordervolumen und ihren spezifischen Bedürfnissen lokal zu betreuen sind. Für die traditionelle Außendienstorganisation bedeutet die Bewältigung dieser Anforderungen einen enormen Abstimmungsbedarf, der in der Praxis nur mit einem hohen innerbetrieblichen

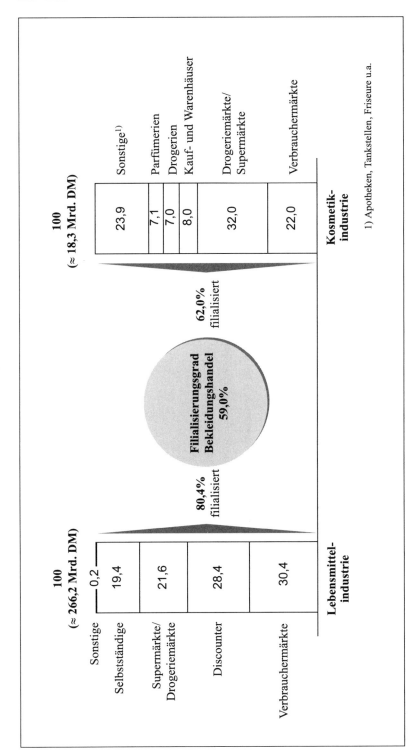

Abb. 8: Distributionsstruktur der Lebensmittel- und Kosmetikindustrie 1998 in %

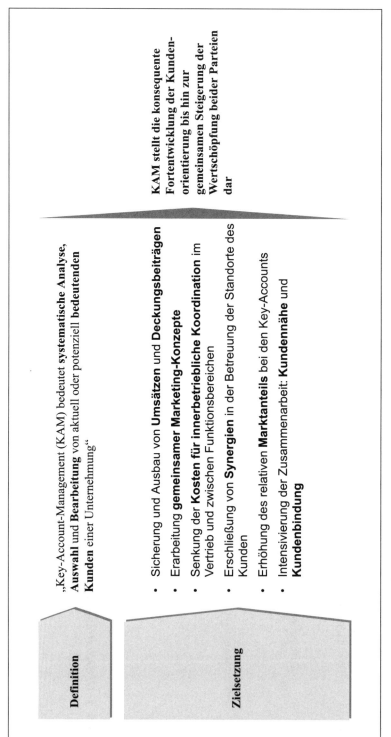

Definition

„Key-Account-Management (KAM) bedeutet **systematische Analyse, Auswahl** und **Bearbeitung** von aktuell oder potenziell **bedeutenden Kunden** einer Unternehmung"

KAM stellt die konsequente Fortentwicklung der Kunden- orientierung bis hin zur gemeinsamen Steigerung der Wertschöpfung beider Parteien dar

Zielsetzung

- Sicherung und Ausbau von **Umsätzen** und **Deckungsbeiträgen**
- Erarbeitung **gemeinsamer Marketing-Konzepte**
- Senkung der **Kosten für innerbetriebliche Koordination** im Vertrieb und zwischen Funktionsbereichen
- Erschließung von **Synergien** in der Betreuung der Standorte des Kunden
- Erhöhung des relativen **Marktanteils** bei den Key-Accounts
- Intensivierung der Zusammenarbeit: **Kundennähe und Kundenbindung**

Abb. 9: Definition und Zielsetzung des Key-Account-Managements

Aufwand zu realisieren ist. Die Funktion des Key-Accounter garantiert eine abgestimmte Betreuung des Großkunden und geht über die Aufgabe der zentralen Konditionenverhandlung weit hinaus. Der Key-Accounter nimmt, um den reinen Konditionenfokus zu entschärfen, eine Beratungsfunktion gegenüber seinen Kunden wahr. Neben der Darstellung der Vorzüge des Produkts gibt er Ratschläge zur optimalen Verkaufsflächennutzung und Diversifizierung des Produktsortiments, konzipiert und realisiert gemeinsam mit dem Kunden individuelle Verkaufsförderungsaktionen und – was für die Kundenpflege besonders bedeutend ist – bezieht die Key-Accounts bereits bei der Produktentwicklung mit ein. Diese gemeinsame Marktkonzeption sichert nicht nur die bestehenden Umsätze und Deckungsbeiträge auf Seiten des Handels und des Herstellers, sondern ermöglicht auch für den Hersteller ein besseres Verständnis für die Bedürfnisse der Endverbraucher. Zur Ausübung dieser Beratungsfunktion ist es jedoch nicht ausreichend, die Umsetzung des Key-Account-Managements nur innerhalb der Verkaufsorganisation realisieren zu wollen. Bei der Einführung des Key-Account-Managements ist das gesamte Unternehmen inklusive seiner Produktpalette mit einzubeziehen. Der Key-Accounter benötigt vor allem die Kompetenz, die im Rahmen seiner Funktion notwendigen Entscheidungen zu treffen, und andererseits die genaue Kenntnis der Geschäftsbeziehung mit diesem Kunden. Dem Key-Accounter muss es beispielsweise möglich sein, jederzeit auf Artikelebene die Umsätze und Deckungsbeiträge abrufen zu können und auch die Abverkäufe beim Kunden zu kennen. Zudem muss er auf der Kostenseite Transparenz über die intern entstandenen Kosten durch z. B. spezielle Auszeichnung oder Verpackung haben.

In der Bekleidungsbranche existiert ein Key-Account-Management in dieser Art kaum. Der Vertrieb kann nur mühsam die Wünsche der großen Ketten erfüllen. Vertriebsleiter und Key-Accounter mit innovativen Ansätzen gibt es kaum. Und persönliche Kontakte bringen in einer Welt der tagesgenauen Abverkaufsquoten nicht mehr alleine den Erfolg.

2.2 Der Key-Account ist König

In der Bekleidungsindustrie hat sich kaum ein Unternehmen organisatorisch auf die neuen Konstellationen auf der Kundenseite eingerichtet. Die Mehrzahl der deutschen Hersteller entstammt dem klassischen Fachhandelsvertrieb und betreibt dieses Geschäft noch immer in „bewährter" Art und Weise. Bei der *Primera AG* (*Escada*-Tochterunternehmen) beträgt bei strenger Definition des Begriffes Facheinzelhandel der

Anteil dieses Geschäftsfeldes noch 70 %–75 %, bei der *Hucke* AG 45 %–50 %, bei *Steilmann* aber nur noch 25 %–30 %. Der Marktanteil des Fachhandels geht jedoch kontinuierlich zurück. Sowohl die Vertriebsorganisation der Hersteller als auch die internen Abläufe in der Produktentwicklung, im Einkauf und in der Produktion sind noch auf die alten Kollektions- und Saisonstrukturen ausgerichtet, wie sie im nicht filialisierten Fachhandelsgeschäft üblich waren. Den Individualisierungs- und Koordinationsanforderungen in der heutigen Bekleidungsbranche haben die Hersteller nur begrenzt Rechnung getragen.

In der Mehrzahl haben die Hersteller Key-Account-Strukturen in der Form eingeführt, dass der Außendienst in seinem Aktionsradius bei Key-Accounts stark beschnitten wurde. Bei mittelständisch geprägten Unternehmen wie der *Hirsch AG, Schneberger* etc. werden die großen Kunden von der zentralen Vertriebsleitung betreut. Dies gilt teilweise sogar für regionale Key-Accounts wie *Breuninger* oder *Engelhorn & Sturm*. Der verbandsgebundene und der verbandsungebundene Fachhandel wird vom Außendienst in den Modezentren betreut. Dagegen haben die Außendienstmitarbeiter bei Kunden wie *Woolworth* oder *P&C* keinen Zutritt mehr. In einigen Handelsketten sind sie zu Merchandisern degradiert.

Als Reaktion darauf haben sich die meisten Unternehmen daraufhin mit einer organisatorischen Kompromisslösung im Vertrieb beholfen. An der Vertriebsaufbauorganisation wurde in den letzten 20 Jahren kaum etwas geändert. Stattdessen wurden dem selbstständigen Außendienst die Provisionssätze für die Key-Accounts Zug um Zug reduziert – sie erreichen heute teilweise nur noch 0,25 %. Über diese Anerkennungs- oder Gebietsschutzprovisionen hält sich der Außendienst über Wasser, da er außerhalb der Markenindustrie mit dem nicht filialisierten Fachhandel als einzigem Vertriebskanal oft kein ausreichendes Einkommen erzielen kann.

Das Königreich des Key-Accounting beschränkt sich daher bei vielen großen Bekleidungsherstellern auf die Betreuung durch den Verkaufsleiter, der sich in der Regel um die wichtigsten 20 Kunden seines Unternehmens selbst kümmert. Da gerade die wichtigen Kunden in einer höheren Frequenz besucht werden, hat diese Organisationsform bedauerlicherweise einen großen Nachteil: Der Vertriebsleiter ist nicht mehr im Unternehmen. Da jedoch die Verantwortung des Vertriebsleiters einerseits in der Gewinnung neuer und der Pflege bestehender Kundenbeziehungen, in der Koordination des Innen- und Außendienstes und andererseits in der Gewährleistung einer ordnungsgemäßen Auftragserfüllung liegt, ist die Anwesenheit des Vertriebsleiters im Unternehmen jedoch wesentliche Voraussetzung für eine erfolgreiche Arbeit. Daher darf die

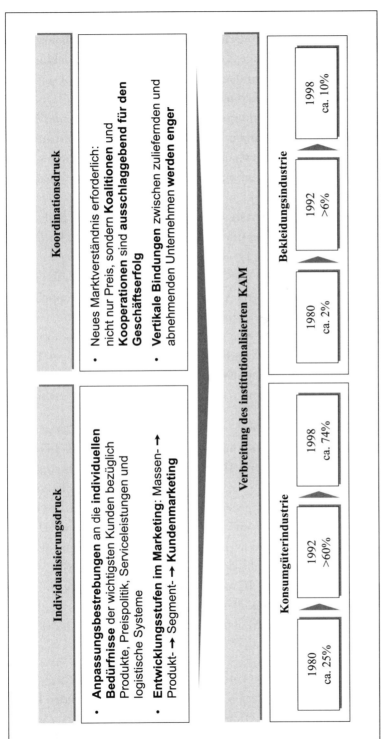

Abb. 10: Individualisierungs- und Koordinationsdruck bewirken Entwicklung zum KAM

sowohl in der Managementliteratur gepredigte als auch von der Praxis bestätigte Kundenorientierung im Unternehmen nicht falsch verstanden werden: Kundenorientierung beschreibt die Ausrichtung sämtlicher Prozessstufen – von der Entwicklung bis zum Versand – auf die Bedürfnisse des Kunden. Dem Vertriebsleiter kommt somit die Funktion zu, die Kenntnis der Kundenbedürfnisse in der Vertriebsorganisation zu bündeln und die daraus entstehenden internen Anforderungen zielgerichtet in die gesamte Unternehmensorganisation hineinzutragen und deren Erfüllung mit anzustoßen. Die Funktion des Vertriebsleiters ist von der Funktion des Key-Accounter grundsätzlich zu trennen. Erfolgt diese Trennung nicht, passieren Fehler mit Folgen: Die Bedürfnisse der vom Vertriebsleiter direkt betreuten Key-Accounts genießen erste Priorität: Interne Ressourcen werden nicht immer ertragsoptimal verteilt, und schleichend wird das immer noch lukrative, aber unterschiedlich geartete Geschäft mit dem Fachhandel vernachlässigt. Key-Account ja, aber nicht auf Kosten anderer. Der Vertriebsleiter kann die im Key-Account-Management definierte Aufgabenvielfalt kaum in ihrem notwendigen Umfang wahrnehmen. Aufgrund der bestehenden Doppelbelastung der Vertriebsleitung bleibt für den Ausbau der Partnerschaft, die Entwicklung neuer Formen der Zusammenarbeit und eine stärkere Anpassung der Produkte und Serviceleistungen an die Bedürfnisse der Kunden kaum noch Zeit. In kleineren Unternehmen, in denen keine Stellen dafür eingerichtet werden können, muss Mitarbeitern die volle interne Verantwortung für bestimmte Großkunden übertragen werden.

Einen zweiten Weg sind Unternehmen wie *Seidensticker*, *Trumpf* u. a. gegangen. Sie haben eigene Gesellschaften und Organisationen aufgebaut, die ausschließlich die großen Handelsketten in den Anfangs- und Mittelpreislagen bedienen. Dies hat den Vorteil, dass das traditionelle Fachhandels- bzw. Kollektionsgeschäft sowohl auf Vertriebsseite als auch insbesondere in der internen Organisation von den deutlich unterschiedlichen Anforderungen des Key-Account-Geschäfts getrennt bleibt. Da die Großkunden aber auch aus der Fachhandelskollektion ordern, gibt es auf der Vertriebsseite unnötige Überschneidungen, die der Handel bei Einführung von Warengruppen- bzw. Category Management nicht mehr akzeptieren wird. Dennoch ist die interne organisatorische Trennung von Kollektions- und Großkundengeschäft auf Herstellerseite, wie sie in dieser Organisation ermöglicht wird, sicherlich der richtige Weg.

Werfen wir nochmals einen Blick auf die Automobilbranche. Aufgrund der Just-in-time-Produktion sind fehlerhafte Produktspezifikationen mit so gravierenden Folgekosten verbunden (z. B. bei Rücknahmeaktionen oder Bandunterbrechungen infolge einer fehlerhaften Produktcharge), dass die Lieferanten sich organisatorisch darauf eingerichtet haben. Während in der Automobilbranche aufgrund der technischen Komplexität der Produkte ganze Projektteams die Details eines Auftrages ausarbeiten, wäre es in der Bekleidungsbranche notwendig, dass zumindest ein Verantwortlicher aus dem Unternehmen neben dem Vertrieb diesen Kunden hauptamtlich betreut und dessen Aufträge durch die einzelnen Wertschöpfungsstufen des Unternehmens leitet. Einzelne Unternehmen der Bekleidungsbranche haben diese Notwendigkeit bereits erkannt und – unabhängig von der Organisation des Key-Account-Geschäfts – der Funktion des Key-Account-Managers einen festen Ansprechpartner im Innendienst bzw. in der internen Organisation an die Seite gestellt. Dabei versteht sich dieses Key-Account-Team als prozessuale Querschnittsfunktion und geht damit über die Sachfunktion Verkauf weit hinaus.

Die entsprechende organisatorische Einbindung dieses Teams in den Vertrieb sollte neben einer gleichberechtigten Stellung zum Innen- und Außendienst vor allem die Einflussnahme auf die einzelnen Prozessstufen berücksichtigen. Problematisch bei dieser Organisationform ist, dass alle organisatorischen Einheiten im Vertrieb in der Regel auf dieselben internen Ressourcen zurückgreifen und daher detailliert die Kapazitäten beziehungsweise die Prioritäten im Durchlauf geplant und festgelegt werden müssen. Die Nachteile einer vertriebsseitigen Überschneidung bei einem Großkunden – wie sie bei der organisatorischen Ausgliederung des KAMs à la *Seidensticker* und *Ahlers* vorkommen – sind dadurch allerdings ausgeräumt.

Die organisatorischen Lösung allein ist jedoch nicht der Garant für eine erfolgreiche Zusammenarbeit mit den Großkunden. Es müssen weitere Erfolgsfaktoren hinzukommen, damit sich der Zentraleinkauf für einen bestimmten Hersteller entscheidet, da schließlich der Handel Produkt und Preis vordefiniert. Daraus lässt sich folgern, dass der Handel nicht mehr ein Produkt kauft, sondern ein Gesamtpaket. Dabei gibt es zwischen den einzelnen Betriebsformen natürlich große Unterschiede: Während die Verbrauchermärkte auf ein Merchandising und eine Präsentationsunterstützung durch den Außendienst Wert legen, stehen bei Händlern mit Eigenmarken stärker Flexibilität, Betreuungsleistung und der intensive Informationsaustausch im Vordergrund.

Voraussetzung, um die Flexibilität aufzubringen, diese unterschiedlichen Anforderungen erfüllen zu können, sind schlanke Strukturen und kurze Informationswege zu den Kunden und zu den Einkaufs- und Produktionsstätten.

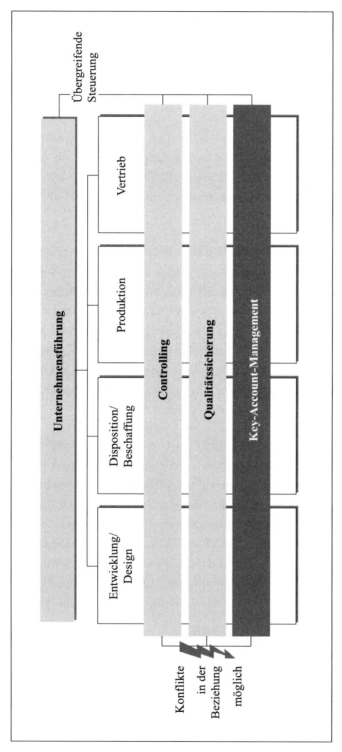

Abb. 11: Key-Account-Management ist eine prozessuale Querschnittsfunktion

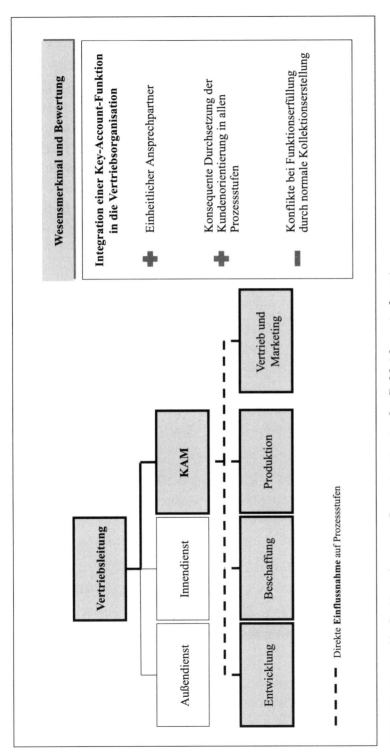

Abb. 12: Beispielhafte Key-Account-Organisation in der Bekleidungsindustrie

2.3 Vertriebsorganisationen sind Servicegesellschaften

Die bisherigen Beispiele machen deutlich, dass auch in einer der ältesten Branchen der Welt die Dienstleistung als Bestandteil des Leistungspakets an Bedeutung gewonnen hat. Der Vertrieb verkauft nicht mehr ausschließlich Produkte, sondern Service und Konzepte. Dies gilt für Marken- wie für Nichtmarkenhersteller. Geht es um den bloßen Einkauf von Produkten, dann braucht der Handel die heimische Industrie nicht mehr. Die strategische Existenzberechtigung für den Hersteller kann daher nur im Angebot von ganzheitlichen Konzepten liegen. Der Vertrieb als Bindeglied zwischen Handel und Hersteller nimmt dabei eine Schlüsselposition ein. Was soll der Vertrieb anders machen als bisher?

Betrachtet man die großen Zahl der No-Name-Hersteller, muss der Wandel in zwei Richtungen gehen:

1. Wandel der Einstellung
   Der Hersteller muss sich für den erfolgreichen Abverkauf seiner Produkte mit verantwortlich fühlen.
2. Wandel der Organisation
   Die Kunden müssen klar auf einige zentrale Key-Account-Manager aufgeteilt werden, deren Vergütung an den mit den Key-Accounts erzielten Deckungsbeitrag geknüpft wird.

Ein guter Key-Account-Manager weiß, wann sein Kunde Sonder- oder Prospektaktionen plant, er bietet entsprechend sowohl Produkte als auch kurzfristige Lieferzeiten an. Bei Projekten in den Einkaufsbereichen von Handelsketten konnte *Roland Berger & Partner* eine recht hohe Kontinuität in der Beschaffung von Aktionsware feststellen, die offensichtlich nur den guten Verkäufern auf Herstellerseite bewusst ist.

Ein guter Key-Account-Manager hat den Einfluss in der eigenen Organisation, Modelle entwickeln zu lassen, die auf die Zielpreise seiner Großkunden abgestimmt sind. Dies sollte jedoch nicht erst nach dem Kundenbesuch, sondern schon im Vorhinein passieren.

Ein guter Key-Account-Manager kennt die Kunden seiner Kunden, aufgrund seiner breiten Marktkenntnis kann er aktiv Lücken im Sortiment des Händlers identifizieren und entsprechende Konzepte anbieten. Key-Accounter und Zentraleinkäufer müssen gemeinsam Umsatzpotenziale für die kommenden Saisons suchen.

Die entscheidende Frage aus unternehmerischer Sicht lautet: Wo sind die guten Key-Accounter? Die positive Antwort lautet: Es gibt sie, und wenn es sie in einigen Unternehmen noch nicht gibt, dann lässt sich dieser Typ von Vertriebsmanager aus dem Nachwuchs entwickeln. Wichtig ist jedoch, dass der Key-Accounter die Verantwortung erhält: zuerst für das Ergebnis mit seinen Key-Account-Kunden und im zweiten Schritt für den Umsatz. Darüber hinaus muss er von Anfang an lernen, dass der Abverkauf seiner Ware in den Filialen sein Problem ist, und nicht das Problem des Händlers. Und zu guter Letzt muss sich der Key-Accounter im Gegensatz zu vielen traditionellen Vertriebsmitarbeitern wieder mit dem Konsumenten beschäftigen. Die Zeiten des „Reinverkaufens" in den Handel sind endgültig vorbei. Konzeptionelle Ansätze sind mehr denn je gefragt. Konzepte können jedoch nur die Manager entwickeln, die die Konsumenten ihrer Produkte verstehen.

2.2
Erfolgsstrategien für den Handel

Vanessa Hopmann*

Kapitel 2.2.1

Storebrands und innovative Storekonzepte

Inhalt

* Vanessa Hopmann ist Beraterin im Hause Roland Berger & Partner International Management Consultants. Im Geschäftsbereich Konsumgüter hat sie überwiegend in Projekten des vertikalisierten Schuh- und Bekleidungshandels gearbeitet. Ein besonderer Kompetenzschwerpunkt lag dabei auf der Entwicklung und Differenzierung von Storebrands.

Die Bekleidungsumsätze stagnieren, die Marktanteile der Vertriebskanäle verschieben sich rapide. Offensichtlich gibt es aber Händler, die in einem schwierigen Marktumfeld noch rasante Umsatz- und Ergebnissteigerungen erzielen können. Die Gewinner von Marktanteilen sind die klar positionierten Handelskonzepte.

Storebrands wie *H&M*, *Zara* und *The Gap* nehmen bei Konsumenten denselben Stellenwert ein wie starke Herstellermarken. Storebrands differenzieren Handelskonzepte insbesondere durch Sortiment, Preis, Ladeneinrichtung und Service sowie Werbung. Wodurch ein Handelskonzept zur Marke wird und wodurch Storebrands erfolgreich werden, wird auf Basis zahlreicher Beispiele in folgendem Beitrag analysiert und als Leitfaden für die betriebliche Praxis zusammengestellt.

1 Konsumenten sind nur noch durch innovative Storekonzepte zu begeistern

Der Wettlauf um die Aufmerksamkeit des Verbrauchers hat längst begonnen. Da der Grundbedarf an Bekleidung gedeckt ist, entscheiden in zunehmendem Maße Zusatzkomponenten wie Erlebnisse oder Werte des Angebots über dessen relative Attraktivität. Diese können aber in vielen Fällen nicht alleine mit den textilen Produkten verbunden werden. Die veränderten Konsumgewohnheiten der Verbraucher, die stetige Zunahme des Internet-Shoppings sowie das wachsende Freizeitbudget zwingt den einzelnen Händler, klar und deutlich sein Image zu definieren und sich klar zu profilieren.

In der Textil- und Bekleidungsbranche stehen etliche der Handelsunternehmen kurz vor der Insolvenz oder sind durch Übernahmen akut in ihrer Existenz gefährdet. Gleichzeitig erleben wir, dass vormals unbekannte Unternehmungen, z.B. vertikal integrierte Filialsysteme des Bekleidungshandels wie beispielsweise *H&M*, *The Gap* oder *Zara*, oder moderne Systemspezialisten wie *Zero* in überraschend kurzer Zeit eine signifikante Marktstellung in Deutschland erreicht haben. Aufgrund von kosten- und marketingseitigen Synergieeffekten erfreuen sich die Schweden wachsender Beliebtheit seitens der Kunden, und es sind durchaus nicht nur die Youngster, die sich hier mit Hosen, Shirts, Wäsche & Co. eindecken. Bekleidungsfilialisten mit einem straff organisierten Konzept sind die Gewinner im Wettbewerb. Je profilierter die Sortimente (v.a. durch Eigenmarken), je unvergleichlicher Laden-Layout und Werbeaussagen und je höher die Service-Kompetenz, desto erfolgreicher der Händler. Generalisten wie die großen Waren- und Versandhäuser werden durch die neue Generation von Konsumenten mit einem verstaubten Image belegt. Sie verfügen zwar alle über einen hohen Bekanntheitsgrad beim Konsumenten, wegen fehlender Positionierungsschärfe werden sie ihr Umsatzpotenzial jedoch zukünftig nicht mehr ausreichend ausschöpfen können. (Abb. 1)

Auch die klassische Stammabteilung ist in die Jahre gekommen und muss zunehmend Kombi-Abteilungen, Themenpräsentationen, Markeninseln oder Shop-Konzepten weichen. Viele Warenhäuser grenzen die verschiedenen Welten und Themen inzwischen innerhalb des Hauses deutlich durch Ladenbau, Warenpräsentation, separate Eingänge und spezielle Namensgebung ab.

Probleme haben auch die traditionellen Facheinzelhandelgeschäfte, die in den letzten 15 Jahren rund 20 % Marktanteil eingebüßt haben. Diesem Segment mangelt es an den Kostensynergien der Filialisten sowohl im Einkauf als auch in der sonstigen Kostenstruktur. Zudem fehlt einigen Fachgeschäften die marketingseitige Profilierung nicht zuletzt wegen des nach wie vor hohen Anteils von (vielfach profillosen) Herstellermarken.

Vor diesem Hintergrund arbeiten viele Einzelhändler mit Betriebstypendifferenzierung als Ausweg aus der Krise. Während unter einer *Betriebsform* die Klassifizierung der Distributionskanäle nach Discountern, Kaufhäusern, Warenhäusern, Fachgeschäften etc. verstanden wird, meint der *Betriebstyp* die nähere Positionierung innerhalb einer bestimmten Betriebsform.

Ein Beispiel der Betriebstypendifferenzierung sind die Formate. So reagierte die Schuhhandelsgruppe *Görtz* aus Hamburg beispielsweise, indem verschiedene spezialisierte Betriebstypen etabliert wurden wie das neue Schuhgeschäft *Görtz 17* und *Görtz M*. Während *Görtz 17* ein junges, modeorientiertes und zahlungskräftiges Publikum anspricht, ist *Görtz M* eher auf den funktionalistisch und preisorientierten Konsumenten ausgerichtet.

Die spanische Cortefiel-Gruppe fährt mit ihren vollkommen unterschiedlich positionierten Ladentypen eine ähnliche Strategie: Cortefiel, die Stammlinie der Gruppe, führt DOB und HAKA für den modernen Kunden und segmentiert innerhalb der Läden das Angebot in Casual, City, Collection und Essentials. Springfield führt ausschließlich Casual-Mode für junge Männer, Milano dagegen Herrenbekleidung mit Schwerpunkt Konfektion, aber zu niedrigen Preisen. Women's Secret ist die 1993

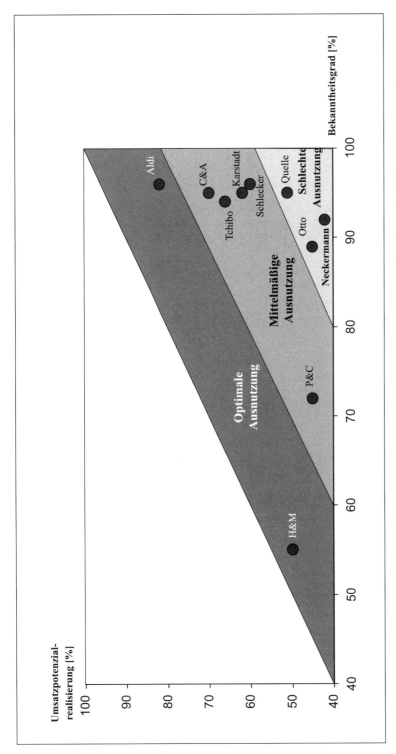

Abb. 1: Klassische Betriebstypen: Hoher Bekanntheitsgrad, aber geringe Ausschöpfung des Umsatzpotenzials

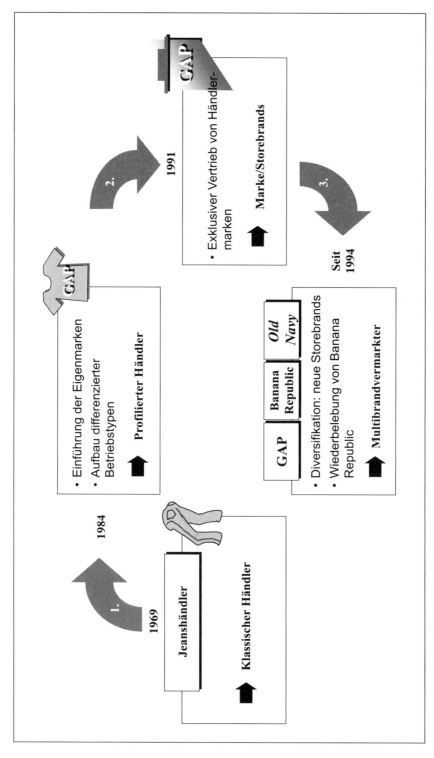

Abb. 2: The Gap als Vorreiter bei der Etablierung starker Storebrands

gegründete Wäschelinie, die neben Wäsche und Bademoden auch Bad-Accessoires und Geschenke im Angebot führt.

Ein weiteres, sehr erfolgreiches Beispiel für eine Betriebstypendifferenzierung liefert die amerikanische Bekleidungseinzelhandelsgruppe *The Gap*. Mit den drei Formaten *The Gap*, *Old Navy* und *Banana Republic* werden ganz präzise definierte und abgrenzbare Zielgruppen angesprochen. (Abb. 2)

Sich schnell ändernde Konsumentenbedürfnisse und die Verwischung bestehender Kundentypologien zwingen das Gros der Bekleidungseinzelhändler dazu, ein interessantes und zielgruppenkonformes Betriebstypenkonzept zu entwickeln.

Diese Beispiele zeigen, dass es zunehmend zum einen einer Spezialisierung auf eine bestimmte Zielgruppe bzw. eines klaren Kundennutzens und zum anderen einer klaren Profilierung bedarf. Erfolgreiche Händler sind ständig auf der Suche nach neuen, großartigen Ideen. Sie bewegen sich innerhalb eines Rahmens, der dem Store ein dauerhaftes und zugleich formbares Konzept verleiht.

2 Storebrands bieten dem Handel die Möglichkeit zur Differenzierung

2.1 Was ist eine Storebrand?

Unter dem Begriff „Storebrand" versteht man die Übertragung einer Marken-Identität auf ein Geschäft als Ganzes. Das bedeutet, das Unternehmen wird mit all seinen Einzelleistungen als Marke positioniert.

Eine Storebrand ermöglicht die Assoziation des Konsumenten von bestimmten Merkmalen wie Qualität, Markenimage etc. nicht nur mit einem Produkt, sondern mit allen mit dem Handelsunternehmen verbundenen Bestandteilen wie Ladengestaltung, Personal und weiteren Merkmalen. Das differenzierende Merkmal von Storebrands zu Hersteller- und Handelsmarken besteht also darin, den Anwendungsbereich der Marke über das reine Produkt hinaus zu erweitern.

Einzelhandelsunternehmen wie *Zara*, *French Connection* oder *Decathlon* sind klassische Beispiele für ein Storebrand-Konzept. *Zara* und *Mango* führen ausschließlich

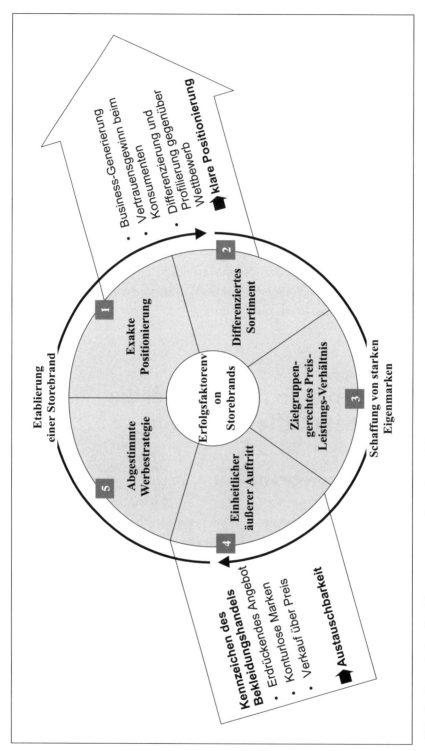

Abb. 3: Durch die Etablierung einer Storebrand können Händler der Konturlosigkeit und Austauschbarkeit entgegenwirken

Produkte mit eigenen Labeln, *Decathlon* hingegen führt auch Herstellermarken im Sortiment, wird aber aufgrund der exzellenten Umsetzung der unten beschriebenen Erfolgsfaktoren einer Storebrand als eine solche vom Kunden wahrgenommen.

Der Aufbau einer Storebrand bedeutet also nicht zwangsläufig den Verzicht auf bekannte Herstellermarken. Allerdings befinden sich in den Sortimenten innovativer und erfolgreicher Storebrands wie *H&M, Banana Republic* etc. in der Regel ausschließlich Eigenmarken. Herstellermarken sind schließlich bei vielen Konkurrenzunternehmen ebenfalls erhältlich und tragen somit nicht zu einer Differenzierung der Storebrand bei.

Unternehmen mit hohem Herstellermarkenanteil, die jedoch ebenfalls eine gewisse „Storebrand" aufgebaut haben (beispielsweise *Peek & Cloppenburg*), konzentrieren sich daher auf Erfolgsfaktoren wie einen herausragenden Kundenservice, individuelle Werbung etc.

Gewinnbringende Storebrand-Konzepte, wie das zu *The Gap* gehörende *Old Navy*-Format, zeichnen sich alle durch die wirkungsvolle Umsetzung der nachfolgend beschriebenen *Erfolgsfaktoren* aus. (Abb. 3)

Erfolgsfaktoren von Storebrand-Konzepten:

1. *Exakte Ausrichtung des gesamten Business-Modells auf eine klar abgegrenzte Zielgruppe*: Alle Komponenten von Sortiment über Ladenbau bis Preisstrategie müssen auf die Bedürfnisse und Erwartungen der angesprochenen Zielgruppe ausgerichtet sein. Diese Elemente müssen sich in allen Filialen unverwechselbar wiederfinden. Die *Gap*-Gruppe spricht beispielsweise mit ihren drei Formaten unterschiedliche und klar definierte Kundengruppen an. Mit *The Gap* werden die Funktionalisten zwischen 20 und 35 angesprochen, das jüngere Segment wird erfolgreich durch *Old Navy* abgedeckt. Mit *Banana Republic* wird der modeorientierte, junge Kunde angesprochen.

2. *Differenziertes Sortiment*: Ein wichtiger Aspekt der Wettbewerbsdifferenzierung ist das Sortiment des Einzelhändlers. Ein Erfolgsfaktor dauerhafter Kundenbindung stellt sicherlich eine weitgehende Einzigartigkeit des Sortiments dar, was in der Regel über starke Eigenmarken erreicht werden kann. Eine Differenzierung kann über die Sortimentszusammenstellung erfolgen (z.B. Life-

style-Sortimente) oder durch klar profilierte Marken, die bei keinem anderen Handelsunternehmen erhältlich sind (Handelsmarken).

3. *Zielgruppengerechtes Preis-Leistungs-Verhältnis*: Ein weiteres, wesentliches Kriterium ist die Schaffung eines zielgruppengerechten Preis-Leistungs-Verhältnisses. Schließlich muss versucht werden, den individuellen Wertevorstellungen hinsichtlich Preis und Qualität der jeweiligen Zielgruppe gerecht zu werden. Allerdings sollte von dem vom Konsumenten erwarteten Qualitätsniveau auch bei niedrigen Preissegmenten nur innerhalb bestimmter Bandbreiten abgewichen werden, da ansonsten die Marke zu sehr an Profil verliert. *H&M* hatte, trotz großer Akzeptanz der modischen Richtung und des Filialauftritts, immer mit dem Manko schlechter Qualität zu kämpfen. Um diesem Image entgegenzuwirken, wurde intern eine beachtliche Qualitätsoffensive gestartet.

4. *Einheitlicher äußerer Auftritt*: Neben der Unverwechselbarkeit des Sortiments ist ein weiteres wichtiges Erfolgskriterium die durchgängige einheitliche Visualisierung des Storebrand-Konzepts. Nur wenn Ladenbau und Einrichtung, Auftreten und Outfit der Mitarbeiter, Logo und Verpackungsmaterial etc. einheitlich in allen Filialen umgesetzt werden, wird das Konzept als eine „Storebrand" durch den Konsumenten wahrgenommen.

5. *Abgestimmte Werbestrategie*: Ein weiterer Erfolgsfaktor einer Storebrand ist das eigenständige und unverwechselbare Image, d. h. die Marke muss sich vom Wettbewerb der Herstellermarken und anderer Marken möglichst deutlich abheben, was insbesondere durch externe Kommunikation und Werbung erreicht werden muss. Alle Elemente, angefangen von den Produkten über die Ladengestaltung bis hin zum Auftritt in den Medien müssen eine eingängige Botschaft vermitteln, mit der sich die angesprochene Zielgruppe identifizieren kann und welche sie als so überzeugend erachtet, dass sie sich gegen die jeweiligen Mitbewerber entscheidet. Wichtig ist hierbei, dass über viele Jahre hinweg eine festgelegte Markenpolitik konsequent verfolgt und kommuniziert wird. *Gap* und *Next* sind gute Beispiele dafür, dass starke Marken über viele Kunden- und Produktgruppen hinweg ausgedehnt werden können und sich deutlich von Konkurrenzanbietern abheben. Erfolgreiche Storebrand-Konzepte zeichnen sich durch einen hohen, meist internationalen Bekanntheitsgrad aus. Das starke Wachstum von Konzepten wie *The Gap*, *H&M* oder auch *Springfield* stützt sich auf einen systematisch ausgebauten Bekanntheitsgrad der Storebrand. Werbestrategien sind radikal auf die Storebrand ausgerichtet, Produktwerbung tritt eher in den Hintergrund.

2.2 Chancen und Risiken von Storebrand-Strategien

Mit Marken verbindet der Kunde Vertrauen und Sicherheit in Bezug auf Qualität, Preisleistung, Stilrichtung, Passform und Styling. Nicht-Marken-Ware trägt für den Kunden häufig das Attribut „billig". Storebrands bieten daher eine ganze Reihe von Vorteilen für den Händler. (Abb.4)

Vorteile für den Händler durch Storebrands:

1. *Differenzierung durch Marketing*: Ein wesentlicher Vorteil der Storebrand liegt in der Möglichkeit einer stärkeren Profilierung innerhalb der Handelslandschaft. So stellt die Storebrand einen unmittelbaren und direkten Zusammenhang zwischen Verkaufsstelle und Konsument her, der Einzelhändler wird vom austauschbaren Warenumschlagplatz zum Hauptakteur. Alle kommunikationspolitischen Investitionen kommen der Verkaufsstelle direkt zugute. Außerdem können nicht nur Werte über einzelne Produkte vermittelt werden, sondern auch übergreifende Aspekte wie Service oder Sauberkeit. Ein Storebrand-Konzept stellt somit eine erfolgreiche Möglichkeit dar, sich vom Wettbewerb zu differenzieren.

2. *Werbesynergien*: Die Kommunikationskosten können erheblich gesenkt werden, da bei einem etablierten Storebrand-Konzept ein großer Teil der externen Kommunikation durch Ladenbau, Storebrand-Logo und Schaufenster abgedeckt wird. Der Filialist *Zara* verzichtet beispielsweise weitgehend auf Werbung in Printmedien (Flyer, Kataloge) und wirbt nur über die sehr professionell gestalteten Schaufenster.

   Die Bewerbung und der Aufbau klassischer Handels-Eigenmarken wie *McNeal* von *Peek & Cloppenburg* oder *Yorn* von *Karstadt* gestaltet sich durch den viel geringeren Bekanntheitsgrad beim Konsumenten erheblich schwieriger.

3. *Höherer Gewinn*: Einzelhändler, die ihr Unternehmen als Marke führen, sind aufgrund der genannten Vorteile in der Regel weitaus profitabler als der Durchschnitt ihrer Wettbewerber. So erwirtschaftete *H&M* beispielsweise im letzten Jahr eine Umsatzrendite von über 8 % – viermal so viel wie der Branchendurchschnitt.

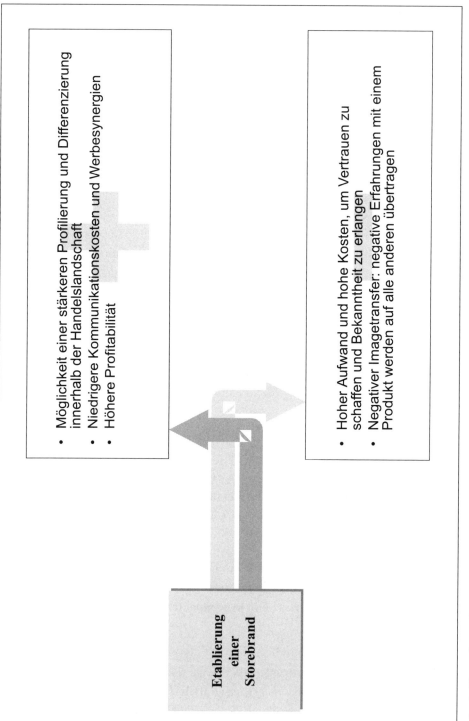

Abb. 4: Vorteile und Risiken von Storebrands

Neben den genannten Vorteilen bergen Storebrands allerdings auch einige *Risiken* bzw. *Probleme beim Aufbau*:

1. *Hoher (Anlauf-)Aufwand, um Vertrauen zu schaffen*: Der Aufbau einer Storebrand bringt zweifelsohne einen hohen Aufwand insbesondere im Bereich Marketing und Werbung mit sich. Es erfordert eine gewisse Zeit, beim Konsumenten ausreichend Vertrauen in die angebotenen Produkte aufzubauen.

2. *Imagetransfer*: Ein weiteres Problem liegt im Imagetransfer von der Storebrand auf die Produkte und umgekehrt. Der Konsument soll neben dem Image des Händlers auch dessen Produkten vertrauen können. Macht der Kunde mit einem Produkt eine negative Erfahrung, wird er zwangsläufig diesen Eindruck auf alle anderen Produkte dieser Brand übertragen. Wenige solcher Fälle können daher das Image einer Storebrand nachhaltig beschädigen.

Alle diese Aspekte müssen bei der Konzeptionierung von Storebrands bedacht und abgewogen werden, um eine erfolgreiche Etablierung gewährleisten zu können. Genau wie im Herstellerbereich schafft eine Marke alleine allerdings noch keinen Geschäftserfolg. Dahinter muss ein viel versprechendes Produkt stehen, das es mit entsprechenden Werbeinstrumenten zu vermarkten gilt. Für eine Storebrand bedeutet dies, dass innovative Konzepte, bestehend aus zielgruppengerechtem Sortiment, Preis und entsprechender Ladenumgebung und Werbung, hinter ihr stehen und die Marke mit Leben füllen müssen.

3 Die erfolgreiche Etablierung von Storebrands hängt von einer klaren Positionierung ab

Ziel ist es, Betriebstypenkonzeptionen zu entwickeln, die den Einzelhandelsunternehmen ein möglichst einzigartiges Profil verleihen. Neben der Differenzierung über den Preis können Einzelhandelsunternehmen vor allem eine erlebnisorientierte Strategie verfolgen, die mit dem Markenartikel-Marketing in vielen Bereichen vergleichbar ist. Eine solche Strategie muss mit der sich wandelnden Wertedynamik der Verbraucher korrespondieren, die unter anderem durch den stärkeren Wunsch nach emotionalem Erleben und einer Abkehr vom analytisch-rationalen Denkstil geprägt ist. Infolgedessen muss im Handel mit modischer Ware über die reine Warenleistung hinaus dem Bedürfnis nach Einkaufslust und Erlebnisorientierung Rechnung getragen werden. *Mode* ist kein Bedarfs-, sondern zunehmend ein reines *Impuls- bzw. Emotionsgeschäft*.

Die Umsetzung eines innovativen Storekonzeptes erfolgt durch die Einkaufsstättenpositionierung und -profilierung, die beide eng miteinander verbunden sind. Durch die *Einkaufsstättenpositionierung* wird der Kunde durch die Einkaufsstätte klar, eindeutig und spezifisch angesprochen. Zunächst ist daher eine klar abgrenzbare Kundengruppe als Zielgruppe zu definieren. *Einkaufsstättenprofilierung* bedeutet hingegen, sich im Rahmen einer gewählten Leitlinie oder Leitidee aus der Sicht der Kundenzielgruppe positiv von der Konkurrenz abzuheben. Damit werden vom Händler Anreize und Gründe geschaffen, trotz nahezu austauschbarer Sortimente für die gewählte Kundenzielgruppe interessant zu sein und sich im Rahmen einer erfolgversprechenden Marketing-Leitidee zu profilieren. Dies gilt nicht nur für die Konkurrenz des Textilhandels. Wachstums- und Existenzsicherung durch die Umsetzung neuer Ideen und eines innovativen Mode-Konzeptes bedeutet auch, im Wettbewerb mit alternativen Verwendungsformen der knappen Haushaltsbudgets – etwa für Reisen, Sport und Unterhaltung – zu bestehen.

3.1 Zielgruppe: Wer ist unser Kunde?

Der potenzielle Kunde bildet den Ausgangspunkt für die Planung des Storekonzeptes, da die Anforderungen an Sortimente, Ladenlayout, Preis und Werbung je nach Zielgruppe unterschiedlich ausfallen. Es gibt unzählige Versuche, den Markt zu segmentieren, angefangen von demographischen, sozioökonomischen und psychographischen Kriterien bis hin zu Milieu-Konzepten. Diese Unterteilungen haben, insbesondere im Modebereich, weitgehend ausgedient. Zu unterschiedlich sind die Bedürfnisse und Lebenswelten innerhalb einer Altersklasse oder eines Milieus. Die Nachfrage nach Bekleidung orientiert sich heute mehr und mehr an den Werten und den darauf aufbauenden Lebensstilen der Konsumenten. Lifestyle hat allerdings sehr unterschiedliche Ausprägungen. Entscheidend ist daher zu wissen, wer die eigenen Kunden sind oder sein sollen, wie sie leben und welche Bedürfnisse sie haben.

Bei den immer ungenauer abzugrenzenden Zielgruppen ist es wichtig, sich für eine zu entscheiden und deren Bedürfnisse, Wünsche und Lebenswelten genau zu kennen, so dass eine *klare Ausrichtung des Betriebstyps* gewährleistet ist.

Neue Medien und Technologien, neue Betriebsformen, innovative Angebote und Services sowie die Polarisierung der Konsumpräferenzen machen eine klare Positionierung zum entscheidenden Erfolgsfaktor. Hier stellen sich die folgenden Fragen:

- Welche Zielsegmente sollen im Fokus der Strategieausrichtung stehen?
- Welche spezifischen, für Kunden wichtige Vorteile sollen ausgebaut und kommuniziert werden, um eine Abgrenzung vom Wettbewerb zu ermöglichen?
- Welcher Geschäftstyp passt zur gewählten Positionierung?

Der Mangel an Differenzierung der einzelnen Geschäfte untereinander ist das Problem, das die Unternehmen für eine erfolgreiche Zukunft kreativ lösen müssen. Durch die Positionierung soll der Kunde ein klares Bild von einem Einzelhandelsunternehmen entwickeln, weswegen seine Perspektive immer im Mittelpunkt stehen muss. Das heißt, es ist vor allem darauf zu achten, den vom Kunden subjektiv empfundenen Produktnutzen in den Vordergrund zu stellen und nicht angebotsbezogen in Produkteigenschaften zu denken.

So hat beispielsweise der jüngst angestrebte Richtungswechsel von *Peek & Cloppenburg* hin zu einer jüngeren Zielgruppe durch die „Need A Change"- und „We Are A Family"-Kampagnen nicht den gewünschten Erfolg gebracht, da die ursprüngliche Positionierung auf eine ältere, klassisch orientierte Kundengruppe verwischt wurde. Ergebnis war der Verlust vieler etablierter Kunden, deren Bedürfnisse nicht mehr ausreichend erfüllt wurden.

Um erfolgreich zu sein, bedarf es also einer klaren Positionierung am Markt. Insbesondere für den Bekleidungshandel liegt das Erfolgskonzept in polarisiert ausgeprägten Betriebstypen. Hier ist erstens zwischen den Positionierungsextremen *Prestige und Preis* und zweitens zwischen *Mode/Emotion* respektive *Funktion/Ratio* zu unterscheiden. Jeweils auf einer Achse dargestellt ergibt sich ein *Positionierungsmodell*, in dem der einzelne Bekleidungshändler seine Position definieren kann. (Abb. 5)

Fest steht, dass die Position in der Mitte, wie sie beispielsweise *C&A* und *Marks & Spencer* bis vor kurzem angestrebt haben, in Zukunft wenig erfolgversprechend ist. Für alle vier Positionierungsextreme lassen sich hingegen erfolgreiche Beispiele nennen: *Adler-* und *Takko-Modemärkte* sind beispielsweise in der Ecke Preis und Funk-

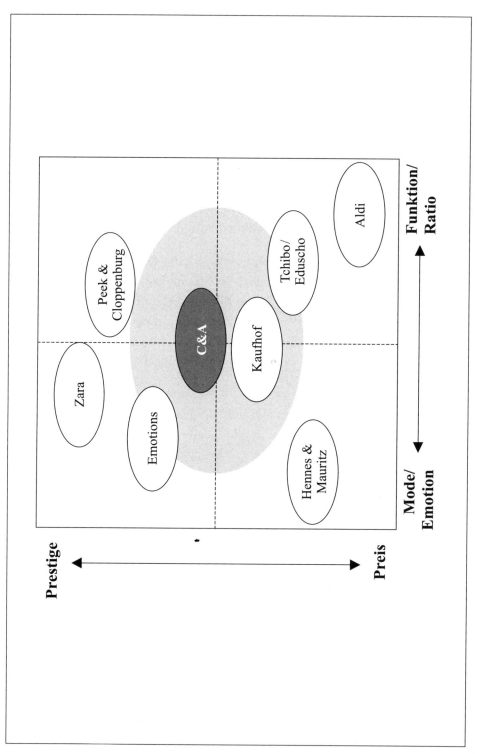

Abb. 5: Um erfolgreich zu sein, bedarf es einer klaren Positionierung am Markt

tion/Ratio angesiedelt. Hier kauft die Zielgruppe ein, die keinen großen Wert auf Einkaufserlebnisse und hochmodische Ware legt, sondern vielmehr preisgünstig ein funktionales Kleidungsstück erwerben möchte. Preislich ist *Mango* ähnlich angesiedelt, allerdings positioniert man sich ganz klar im Bereich Mode/Emotion. Durch die Verkürzung der Kollektionsrhythmen wird ein hochmodisches und ständig aktuelles Programm geboten, die Läden bieten ein jugendliches und zeitgemäßes Einkaufsambiente.

Zara setzt dagegen auf Prestige sowie Mode und Emotion. Das Preisniveau ist vergleichsweise höher, die Stores wirken exklusiv und edel, das Warenangebot richtet sich an die anspruchvolle, genussorientierte Kundin. *Peek & Cloppenburg* ist preislich ähnlich positioniert, tendiert daneben jedoch mehr in Richtung Funktion und Ratio, da die Kernzielgruppe ein älteres, eher konservatives Publikum ist.

Das Positionierungsmodell macht deutlich, dass in allen vier Bereichen eine erfolgreiche Marktbearbeitung möglich ist, die wichtigste Komponente stellt dabei jedoch die *konsequente Ausrichtung auf eine klare Positionierung* dar.

3.2 Sortiment: Weg von der Stammabteilung hin zum Lifestyle-Sortiment

Wer sich bei seinen Kunden erfolgreich positionieren will, muss ihnen die auf ihre Bedürfnisse abgestimmte Ware bieten. Hierbei ist erstens auf ein individuelles Sortimentsprofil, zweitens auf maximale Übereinstimmung mit aktuellen Trends und drittens auf einen optimalen Sortimentsumfang zu achten. (Abb. 6)

In Zeiten rückläufiger Bekleidungsumsätze sind vor allem neue Ideen in der Sortimentserstellung gefragt. Es geht darum, das eigene Geschäft für die Kunden attraktiver zu machen und die Flächen ertragsstärker zu bestücken. Dazu muss das Angebot kompetent entwickelt werden – eventuell auch in Nischensortimenten mit Ausstrahlungseffekten auf die Hauptsortimente.

Zur Erstellung eines individuellen Sortimentsprofils sind vor allem *Eigenmarken* geeignet. Sie bieten dem Kunden einen differenzierenden Zusatznutzen, der die Produkte aus der Vielfalt des sonstigen Angebots heraushebt. Eigenmarken können außerdem innerhalb des bestehenden Sortiment über eine Erhöhung der Sortimentstiefe die Auswahl für den Kunden vergrößern, flexibler auf neue Konsumtrends reagieren und so zu einer weiteren Stärkung der Dachmarke, der Storebrand, beitragen.

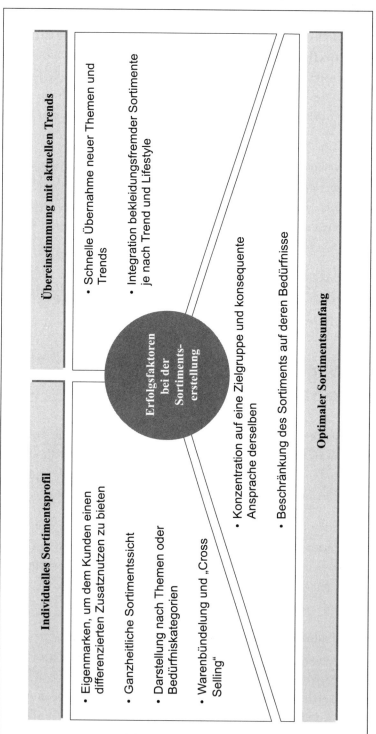

Abb. 6: Erfolgsfaktoren bei der Sortimentsgestaltung

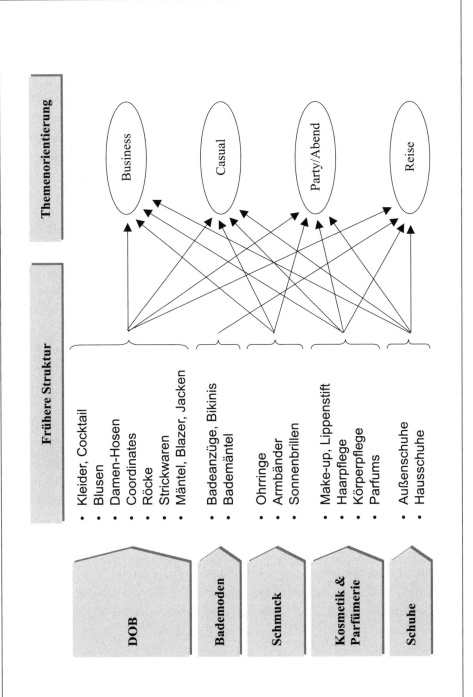

Abb. 7: Die Mehrheit der Kunden will im Bekleidungsgeschäft all das finden, was zu einem kompletten Outfit gehört

Um erfolgreich zu sein, müssen Handelsunternehmen jedoch vor allem marktorientiert geführt werden. Der Markt, sprich der Kunde, denkt nicht in Materialien oder herstellerorientierten Warengruppen, sondern in Erlebniswelten und Bedürfnissen, denen wiederum meistens tiefere Motive zugrunde liegen.

Eine ganzheitliche Sicht ist gefragt. Sortimente sollten von der traditionellen Warengliederung gelöst und nach Themen oder Bedürfniskategorien der Kunden zusammengestellt werden. So können beispielsweise Kleider, Blusen, Hosen, Röcke und Coordinates einmal unter dem Thema „Business" gruppiert werden, ein weiteres Mal unter der Kategorie „Casual" und ein drittes Mal unter „Abend/Festlich". (Abb. 7)

Das Gros der Kunden will in den Bekleidungsgeschäften all das finden, was zu einem kompletten Outfit gehört. Man kauft Kleidung, um die Identität der eigenen Person zu kommunizieren. Aber Kleidung reicht da alleine nicht aus. Die richtigen Schuhe, der Duft, das Make-up, die Ohrringe, das Armband und die Brille gehören mit dazu. Warum nicht CDs in der Young Fashion-Abteilung anbieten, Sonnenbrillen bei den Badeanzügen platzieren und einen Meister-Coiffeur mitten in die Coordinates-Abteilung setzen, der gleich die passende Frisur zum neuen Kostüm liefert? Das Geschäft gewinnt so bei den Kunden an Attraktivität und bietet mehr Convenience. Das Stichwort lautet Warenbündelung. Dabei werden einem Produkt Waren zugeordnet, die damit in engem Zusammenhang stehen, z. B. weitere kombinierbare Teile oder Accessoires.

Es geht darum, ein Konzept der umfassenden Lifestyle-Präsentation zu entwickeln. Die erfolgreichen Filialisten und Vertikalen setzen dieses Konzept bereits konsequent um. Das gesamte Ladenumfeld wird auf den Lifestyle des Zielkunden abgestimmt. *Banana Republic* beispielsweise spricht mit seinem urbanen und hochwertigen Konzept die jungen, modeorientierten Aufsteiger an. Das Lifestyle-Sortiment wird abgerundet durch ein breites Accessoires-Angebot wie Rucksäcke, Taschen, Schals und Schuhe. Dazu kommen eine „Home"-Accessoires-Linie und eine Körperpflegeserie.

Die Anreicherung des Sortiments mit bekleidungsfremden Produkten, das sogenannte „Cross Selling", wird dabei stetig ausgeweitet. Lifestyle-Bücher, CDs mit auf die Zielgruppe abgestimmter Musik und Ähnliches wird bereits unter dem Label „Banana Republic" verkauft.

Auf die Bedürfnisse der einzelnen Zielgruppen stärker einzugehen heißt, dass man seine Kunden genau kennen muss. In vielen Geschäften sind die Sortimente nach wie vor viel zu breit angelegt und entbehren einer klaren modischen Aussage. Die Vertikalen dagegen führen die konzentrierte Zielgruppenansprache seit geraumer Zeit vorbildlich vor. Sie erfordert eine klare Segmentierung der Zielgruppe und Spezialisierung im Sortiment. Je besser man seine Kunden kennt, umso genauer weiß man auch, was sie suchen und worauf man verzichten kann. Die erfolgreichen Storebrands wie *Zara*, *Mango*, *H&M* und *S. Oliver* bieten statt ungeplanter Vielfalt konsequente Beschränkung, die Ware erklärt sich selbst.

3.3 Preis: Das Preis-Leistungs-Verhältnis muss stimmen

Ein aus Sicht der Kunden angemessenes Preis-Leistungs-Verhältnis ist entscheidend für die Auswahl eines bestimmten Geschäfts; es wird als wichtiger empfunden als ein insgesamt niedriges Preisniveau. Vor allem sollte der Preis zur dargebotenen Qualität passen: So nehmen sehr modebewusste Käufer wie die Kundschaft von *H&M* etwas mindere Qualität gerne hin, solange der Preis entsprechend niedrig ist, da die Stücke ohnehin nicht länger als eine Saison getragen werden. Schlechte Qualität zu hohen Preisen kauft hingegen kein Kunde ein zweites Mal. Der Preis muss vor allem der Ausgestaltung der anderen Marketing-Mix-Bestandteile entsprechen, um seine maximale Wirkung zu erzielen, d.h. er muss auf Zielgruppe, Sortiment, Ladenlayout und Werbestrategie abgestimmt sein. (Abb. 8)

Im Vordergrund preispolitischer Entscheidungen steht vor allem die Frage nach der Preissensibilität der Kunden: Wie verändert sich das Kaufverhalten bei Preiserhöhungen, ab wann ist ein Preis zu hoch, welche Artikel stehen im Mittelpunkt der Aufmerksamkeit? Gerade im Modebereich wird häufig gekauft, was gefällt. Oftmals werden sehr hohe Preise akzeptiert, sie müssen nur nachvollziehbar sein. Sind die Preise im Vergleich zur Konkurrenz höher, dann wird man gerne schauen, aber nicht kaufen. Hieraus lässt sich folgern, dass eine Kalkulation über höhere Preise nur bei schlecht oder nicht vergleichbaren Angeboten möglich ist. Verknüpft man hingegen das Angebot mit anderen Leistungen oder emotionalen Erlebnissen, dann sind auch die Preisvergleiche für die Kunden erschwert. Verbundverkäufe eignen sich daher hervorragend zur Inszenierung von Erlebnissen.

Nicht zu vergessen ist allerdings, dass auch in der Premium-Position künftig der Preis eine Rolle spielt, da er seit einiger Zeit eine sehr große Bedeutung für den Verbraucher erhält. Es ist „in", preisgünstig einzukaufen. Wichtig ist auch, dass der Kunde gerade bei hochpreisigen Produkten nicht das Gefühl bekommt, man wolle ihm unbedingt etwas aufdrängen. Ein Erlebnis, die Flucht aus dem Alltag, kann leicht dadurch ver-

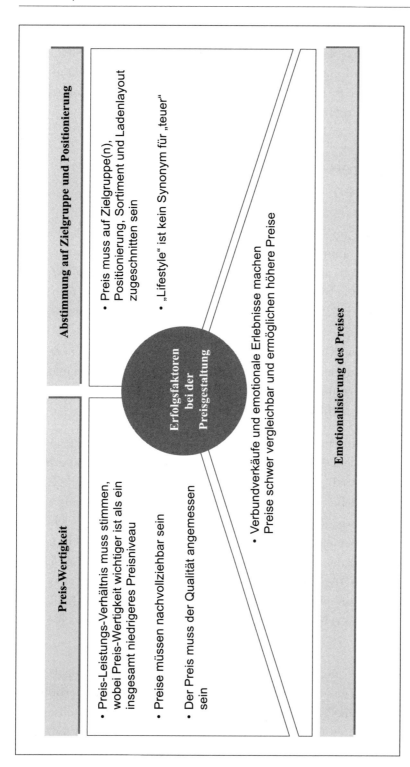

Abb. 8: Erfolgsfaktoren bei der Preisgestaltung

dorben werden, dass der Kunde durch überzogene Preise wieder auf den Boden der Tatsachen zurückgeworfen wird.

Insofern ist Lifestyle-Orientierung nicht unbedingt mit hohen Preisen gleichzusetzen. Einige besonders innovative Anbieter differenzieren sich neben ihrer Originalität sogar bewusst durch einen niedrigen Preis. *Orsay* und *Pimkie* positionieren sich beispielsweise im Mitte-Unten- bzw. Discount-Bereich. *Club Monaco*, ein Konzept der *Polo Ralph Lauren Gruppe*, und *Zara* versuchen, sowohl im Preis als auch in Qualität und Design top zu sein.

3.4 Laden: Wie der Laden zur Botschaft wird

Repräsentative Läden nehmen eine immer größere Bedeutung für die gelungene Vermittlung des Markenimages ein, das Geschäft ist die Visitenkarte einer Storebrand. Mit dem Betreten wird der Kunde Teil der Markenwelt.

Der Zustand vieler Geschäfte ist dagegen immer noch der eines gut eingerichteten Warenlagers mit artikelbezogenen Abteilungen und Größensortierung als einzigen Orientierungshilfen. Dieses Konzept war richtig, solange der Kunde das Geschäft mit gezielter Kaufabsicht betrat. Inzwischen wird die Mehrzahl der Einkäufe jedoch überwiegend aus einem *Impuls* heraus getätigt.

Visual Merchandising, die Verkaufsstimulierung durch Produktpräsentation, hat die Aufgabe, die Aufmerksamkeit der Kunden für das jeweilige Produkt zu gewinnen und sie von der Notwendigkeit des Kaufs zu überzeugen. Es ist somit integraler Bestandteil des Ladenlayouts. (Abb. 9)

Im Mittelpunkt der Überlegungen steht vor allem das *erlebnisorientierte Einkaufsstättenlayout*, das einen Versuch darstellt, durch bewussten Einsatz von Gestaltungsmitteln eine zielgruppengerechte Verkaufsraumatmosphäre zu schaffen. Man unterscheidet zwischen visuellen und nichtvisuellen Gestaltungsmitteln. Zu den erstgenannten zählen Beleuchtung, Farbgestaltung und Materialeinsatz bei Decken, Wänden, Böden, Warenträgern und Dekorationen, des Weiteren Pflanzen, Kunst und andere Einrichtungsgegenstände. Zu den nichtvisuellen Gestaltungsmitteln können beispielsweise Raumtemperatur, Luftfeuchtigkeit, Gerüche (Düfte) und akustische Reize wie Musik zählen. Die gezielte Abstimmung solcher Komponenten führt zu einer Emotionalisierung beim Kunden.

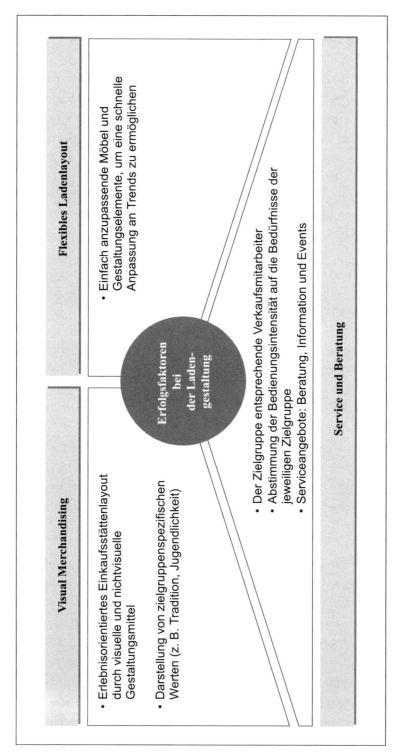

Abb. 9: Erfolgsfaktoren bei der Ladengestaltung

Der Kunde möchte heutzutage ein *Einkaufserlebnis*, wobei unterschiedliche Zielgruppen verschiedene Erlebniswerte bevorzugen. Solche Erlebniswerte können beispielsweise Jugendlichkeit, Avantgarde, Rustikalität, Ästhetik oder aber Professionalität sein. Diese Erlebniswerte müssen dem Kunden sowohl durch die Sortimentsbildung als auch durch die Einkaufsstättengestaltung vermittelt werden. Der Auswahl der dabei verwendeten Gestaltungsmittel sind keine Grenzen gesetzt. Jeder ungewöhnliche Kontext schafft ein Erlebnis.

Ein Beispiel dafür, wie man Einkauf zum Erlebnis werden lassen kann, ist der führende britische Young-Fashion-Filialist Top Shop mit seinem Flagship-Store am Oxford-Circus: Der 8.500 Quadratmeter große Fashion-Store bietet ein auf die Kernzielgruppe der 18–25-Jährigen zugeschnittenes Sortiment, das in einem Entertainment-Ambiente angeboten wird. Im Laden geht es zu wie in einer Diskothek mit unzähligen Performances: Zur riesigen Auswahl modischer Bekleidung kommen die neuesten Musik-Videos, Play-Stations, ein Beauty-Angebot mit neuem Friseur-Konzept sowie ein Catwalk, der für regelmäßig stattfindende Modenschauen installiert wurde. Ganze Bereiche sind den Accessoires vorbehalten, z. B. sind aufblasbare Möbel für die Wohnung im Angebot.

Auch *Zara* bietet eine verkaufsfördernde Produkt- und Ladenpräsentation. Die Gestaltung der Läden ist äußerst aufwendig mit viel edlem Holz sowie Marmor- und Parkettböden. Die Läden sind sehr übersichtlich, immer aufgeräumt und vermitteln eine gepflegte, noble Atmosphäre. Die Warenpräsentation erfolgt jeweils in kompletten Outfits.

In ähnlicher Weise fallen die Läden der Modekette *Ipuri* auf – hier huldigt alles edler Einfachheit: die puristischen Produkte, die Bade- und Kosmetikprodukte aus natürlichen Bestandteilen und die italienische Espresso-Bar mit kleinen kulinarischen Köstlichkeiten.

Ein wichtiger Aspekt ist darüber hinaus die *Flexibilität bei der Ladengestaltung*. Zwar ist die Entscheidung für eine bestimmte Vorgehensweise erforderlich, durch die dann die richtigen Gefühle beim Kunden geweckt werden sollen – er wird dadurch allerdings noch nicht zum Stammkunden. Gesellschaftliche Trends wechseln einander schnell ab, und der Kunde möchte solche Entwicklungen auch im Laden umgesetzt sehen. Die Gestaltung eines Ladens sollte deshalb flexibel sein. Der Einsatz nur weniger fester Elemente, einfach anzupassender Möbel und wechselnder Beleuchtung bietet sich daher an. Bei dem „*Lust for Life*"-Konzept (*Kaufhof*) stehen beispielsweise fast alle Warenträger auf Rollen, wodurch sich das Ladenlayout leicht verändern lässt.

Beratung spielt heute für das Gros der Kunden nicht mehr eine so große Rolle. Übersichtliche Ladengestaltung und Warenpräsentation sind oft wichtiger. Nichtsdestotrotz: Wer anspruchsvolle und outfitorientierte Kunden als Zielgruppe im Visier hat, braucht gute Verkaufsmitarbeiter. Diese sollten ihrer Zielgruppe entsprechen. So suchen die *„Inscene"*-Abteilungen von *Karstadt*, die Jugendliche zwischen 15 und 25 zur Zielgruppe haben, ein Team mit einer guten Mischung aus Warenhaus-Menschen und Szene-Leuten, der Altersdurchschnitt liegt weit unter dem der restlichen Karstadt-Angestellten. Das Verkaufspersonal sollte sich auch der Zielgruppe entsprechend kleiden. Die Ausstattung des Verkaufspersonals mit dem kompletten Lifestyle-Outfit ist enorm wichtig.

Wichtig ist auch, die Bedienungsintensität auf die Bedürfnisse der jeweiligen Zielgruppe abzustimmen. So bedienen sich jüngere Leute oftmals bis zu einem gewissen Grad gerne selbst, bei Fremdbedienung ist vor allem die Problemlösungs- und Sozialkompetenz des Personals gefordert. Andere Zielgruppen wiederum suchen kompetenten Rat oder nutzen den Einkauf als Kommunikationsmöglichkeit. In solchen Fällen ist ein viel intensiverer Einsatz des Beratungspersonals gefragt. Alles in allem ist weit mehr als nur die nüchterne Fachkompetenz gefordert; das Personal darf auf keinen Fall die Stimmung der Ladenwelt stören, sondern muss sie vielmehr unterstützen.

„Emotions" hat ein umfangreiches *Serviceangebot*, das seiner Zielgruppe und seinen Ansprüchen angepasst ist. Neben allgemeiner Beratung und Information finden regelmäßig Events statt, bei denen z. B. Visagisten von Kosmetikfirmen, Ernährungsberaterinnen oder Trainerinnen aus dem Fitnessbereich Information vermitteln und für Erlebnisse sorgen. Darüber hinaus gibt es umfangreiche Servicedienstleistungen. Das Profil-Institut bietet zum Beispiel Farb- und Stilberatung, kosmetische Behandlungen, Nagelpflege und Massage an. Im Bekleidungsbereich können auch regelmäßig stattfindende Modenschauen ein attraktives Zusatzangebot darstellen. *„Lust for Life"* bietet einen Maßservice an: Mass Customization. Die Kunden werden schnell und bequem elektronisch per Scanner vermessen, nach zwei Wochen wird die maßgeschneiderte Ware geliefert.

Auch auf die *Gestaltung der Umkleidekabinen* ist Wert zu legen, schließlich fällt hier meist die Kaufentscheidung. Die Kabinen sollten vor allem groß und mit genügend Spiegeln, Ablageflächen und Licht versehen sein. Lichteffekte oder das ein oder andere Accessoire können weitere Akzente setzen, um der meist üblichen Kahlheit der Kabinen entgegenzuwirken. So hat *„Emotions"* die großzügig gestalteten Umkleidekabinen mit sportlichen Nylonstühlen, Sitzbällen und Kuschel-Sesseln bestückt, um zum „Sichfallenlassen" einzuladen.

3.5 Werbestrategie: Konzepte erfolgreich kommunizieren

Das größte Risiko bei einer ständigen Anpassung an Trends stellt der potenzielle Verlust der Markenidentität dar. Gerade deswegen ist eine konstante Kommunikationspolitik von höchster Bedeutung. Der Kunde fühlt sich nicht durch ein spezielles Produkt angezogen, sondern durch den Gesamteindruck des Ladens. Das richtige Image ist ausschlaggebend für den Erfolg eines Storekonzeptes, und dieses wird zum einen durch den Laden, zum anderen aber auch durch die Kommunikation gebildet. Kommunikation ist immer dann wichtig, wenn es darum geht, eine starke emotionale Bindung zum Kunden aufzubauen und ihm das Gefühl zu vermitteln, persönlich angesprochen zu werden.

Ein wichtiges Mittel der *Kommunikationspolitik* ist die *Absatzwerbung*. Folgende Fragen sind für die Absatzwerbung von Storebrands zu beantworten:

- Welche Zielgruppen werden angesprochen?
- Welcher Benefit soll kommuniziert werden?
- Welche Werbemittel sollen eingesetzt werden?

Kommunikation umfasst die Werbung in den Printmedien, hier vor allem in der Tageszeitung, Prospektwerbung, Direct Mailings, Aktionen, Events und die Schaufenstergestaltung. Schaufenster stellen mit die wichtigste Komponente des Kommunikations-Mix dar, was von einigen Einzelhändlern nach wie vor noch nicht erkannt wird. *Zara* beispielsweise wirbt ausschließlich mit perfekt gestalteten Schaufensterdekorationen.

Auch *Kundenbindungsprogramme* stellen eine Möglichkeit dar, zunächst mehr über den Kunden zu erfahren und dann einen zielgruppenspezifischen Kontakt zu ihm herzustellen.

Ein *erfolgreiches Kommunikationskonzept* muss deswegen die folgenden Anforderungen erfüllen:

1. Es sollte die wichtigsten Bedürfnisse der Kunden thematisieren,
2. Aussagen zur Profilierung und Unverwechselbarkeit gegenüber dem Wettbewerb machen,

3. durch Stilgebung prägnant in der Wahrnehmung des Kunden sein und ein sympathisches und glaubwürdiges Image aufbauen.

Zu einem innovativen Storekonzept gehört selbstverständlich auch eine innovative Kommunikation. Bestehende Regeln können und sollten gebrochen werden. Neue Formen der Kundenfaszination müssen entwickelt werden. So organisiert beispielsweise das „*Inscene*"-Team von *Karstadt* eine große Kampagne mit dem Musiksender *MTV*. Regelmäßig werden in „*Inscene*"-Stores Model-Castings veranstaltet, deren Sieger als Gastmoderatoren bei MTV auftreten. „*Inscene*" ist live dabei.

Ein Bereich der Kundenansprache, der sich zunehmend durchsetzen wird, ist das sogenannte „Power Retailing". Das Konzept, das in den USA beispielsweise durch den Outdoor-Retailer *Bass* sehr kompetent umgesetzt wird, lässt die Ware immer mehr in den Hintergrund treten und forciert den Entertainmentaspekt.

Intensive Kommunikation ist unabdingbare Voraussetzung für die erfolgreiche Positionierung einer Storebrand. Nur wenn genügend Konsumenten auf die Storebrand aufmerksam werden, können die anderen Erfolgsfaktoren Sortiment, Preis und Ladenlayout wirklich greifen. Die Faktoren in ihrer Gesamtheit bewirken dann eine eindeutige Differenzierung vom Wettbewerb, die viele neue Konsumenten in den Laden ziehen wird.

Stephan Borchert/Peter Virsik/Heiner Olbrich*

Kapitel 2.2.2

Kundenorientiertes Warengruppen-Management – Profitables Wachstum durch ein kunden- und kostenorientiertes Sortimentsbausteinkonzept

Inhalt

* Stephan Borchert ist Projektmanager bei Roland Berger & Partner International Management Consultants. Im Geschäftsbereich Konsumgüter/Handel betreut Herr Borchert schwerpunktmäßig die Beratungsprojekte im Bereich Bekleidungshandel/-industrie. Neben der Entwicklung von Sortimentskonzeptionen umfasst seine Projekterfahrung die Bereiche Category Management, Personalstrategien für den filialisierten Einzelhandel, Instore efficiency und die Restruktionierung der logistischen Kette für die Bekleidungsindustrie.

* Peter Virsik ist Projektleiter bei Roland Berger & Partner. Er hat zahlreiche Projekte in der Bekleidungsindustrie und im Einzelhandel durchgeführt. Die bearbeiteten Themenschwerpunkte umfassen neben der Entwicklung und Umsetzung von Sortimentsstrategien auch Restrukturierung, Business Process Reengineering und die Entwicklung von Projektcontrolling-Systemen.

* Dr. Heiner Olbrich ist Mitglied der Geschäftsführung bei Roland Berger & Partner im Competence Center Consumer Goods / Retail. Er hat umfangreiche Projekterfahrungen mit der Restrukturierung, strategischen Neuausrichtung und dem Reengineering von Unternehmen aus Textil- und Bekleidungsindustrie sowie dem Handel gesammelt. Darüber hinaus hat Dr. Olbrich an der europäischen ECR Initiative von Beginn an mitgewirkt und Category-Management-Projekte auf europäischer Ebene geleitet.

Der Bekleidungs-Einzelhandel sieht sich im neuen Jahrtausend zunehmend der Herausforderung ausgesetzt, die bisherigen Sortimentsstrategien grundlegend den sich ändernden Rahmenbedingungen anzupassen.

Zum einen verlangen die starke Fragmentierung von Zielgruppen und die Hybridisierung des Konsumenten sowohl eine standort- als auch eine zielgruppenspezifische Anpassung der Sortimente. Zum anderen ist jedoch auch eine gestiegene Komplexität zu bewältigen, die zunächst durch veränderte Beschaffungs- und Logistiksysteme aufgrund der zugenommenen Vertikalisierung des Handels bedingt ist. Außerdem besteht ein historisch gewachsenes Filialportfolio, das durch Umfeldveränderungen sehr heterogen geworden ist.

Möchte man diese komplexen Herausforderungen bewältigen, kann nur eine *innovative Sortimentsplanung* und *-steuerung* herangezogen werden. Das *Kernproblem* liegt dabei in der *optimalen Balance zwischen Standardisierung und Flexibilisierung*. Die Standardisierung verbessert zwar die interne Effektivität und Effizienz, doch führt die Flexibilisierung, indem sie ein individuelles Eingehen auf die Kunden- und Marktbedürfnisse ermöglicht, zu einer weiteren Erhöhung der Komplexität.

Der nachfolgende Buchbeitrag stellt eine von Roland Berger & Partner in mehreren Projekten erfolgreich erprobte Systematik zur Entwicklung und Implementierung eines strategischen Sortimentsbausteinkonzepts vor.

Dabei wird zunächst auf strategischer Ebene die Entwicklung des Sortimentsbausteinkonzepts und dessen Modularisierung erläutert. Darauf aufbauend wird operativ die Umsetzung dieses Konzepts innerhalb der Kernprozesse des Sortimentsmanagements vorgestellt.

1 Intensivierung des Zielkonflikts zwischen Kundenorientierung, Zeit- und Kosteneffizienz

Welcher Bekleidungs-Einzelhändler würde heutzutage nicht der Aussage zustimmen, dass sich das Umfeld der Branche bezüglich Konsumentenverhalten und Wettbewerb in den letzten zehn Jahren dramatisch verändert hat.

Für die meisten Einzelhändler kommt erschwerend hinzu, dass das historisch gewachsene Filialportfolio mit unterschiedlichen Standort- und Flächentypen den Komplexitätsgrad der Warenbewirtschaftung erheblich steigert.

Die Anforderungen an die interne Effizienz erhöhen sich zudem stetig durch Just-in-time-orientierte Filialversorgung, steigende Lohn- und Lagerkosten sowie EDV- und Systemaufwendungen. Diese Rahmenbedingungen haben dazu geführt, dass sich der klassische Bekleidungs-Einzelhandel in einem immer schärferen Zielkonflikt zwischen Kundenorientierung, Zeit- und Kosteneffizienz befindet.

Es gilt beispielsweise, neue Konsumententypen wie den Smart Shopper, der sich auf der ständigen Jagd nach exzellenten Preis-Leistungs-Verhältnissen befindet, zu befriedigen. Gleichzeitig nimmt die Loyalität der Konsumenten gegenüber bestimmten Einkaufsstätten ab. Die Endkunden setzen die Präferenzen für den Ort ihres Einkaufs teilweise von Kategorie zu Kategorie und von Ort zu Ort unterschiedlich.

Der zunehmende *Siegeszug des hybriden Konsumenten* eröffnet somit einerseits neue Absatzmöglichkeiten für den Bekleidungs-Einzelhandel, verschärft jedoch auf der anderen Seite auch den Wettbewerbsdruck. So sieht sich der traditionelle Bekleidungs-Einzelhandel nicht nur einer *Rückwärtsintegration vertikalisierter Einzelhändler* (z.B. *Zara* oder *Mango*) und einer zunehmenden *Vorwärtsintegration der Bekleidungsindustrie* ausgesetzt (z.B. *Hugo Boss*, *S. Oliver*), sondern auch dem zunehmenden Markteintritt branchenfremder Anbieter (z.B. *Tchibo*, *WalMart* mit *George*) und neuen innovativen Vertriebsformen wie dem Onlinevertrieb.

Oben genannte Trends zwingen die Einzelhändler zu schnelleren Kollektionszyklen, einem schnelleren Time-to-market, einem zunehmend heterogenen Filialportfolio und damit auch einer steigenden Komplexität in den Bereichen Einkauf und Logistik.

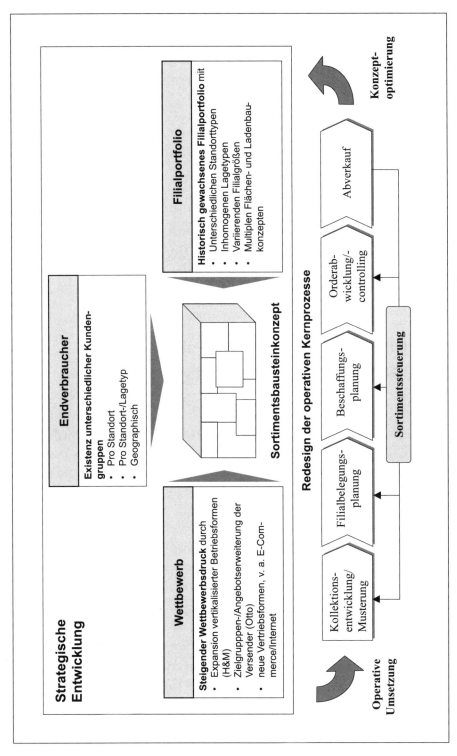

Abb. 1: Entwicklung und Umsetzung eines Sortimentsbausteinkonzepts im Überblick

Immer stärkeres Marktanteilsstreben führt beispielsweise dazu, dass ein Unternehmen wie *H&M*, das ursprünglich einmal mit Filialformaten um die 800 Quadratmeter in definierten Lagen begonnen hat, nun über Verkaufsflächen von über 3.000 Quadratmetern verfügt, andererseits aber auch immer kleinere Städte mit Kleinstformaten besetzt.

In der Praxis zeigt sich bei vielen Unternehmen, dass aufgrund mangelnder systemischer und prozessualer Kompetenz zusätzliches Wachstum oft teuer auf Kosten des Rohertrages erkauft werden muss. Die Fragmentierung des Filialportfolios und der korrespondierenden Sortimente führt oft zu einer Über- bzw. Unterbestückung der Filialen. Die Konsequenz daraus sind Warenüberbestände, Aufbau von Altwarenbeständen bzw. Umsatzausfall durch Stock-out-Positionen wichtiger Artikel sowie ein nicht zielgruppengerechter Sortimentsaufbau. (Abb. 1)

2 Strategische Entwicklung eines Sortimentbausteinkonzepts

Vor dem Hintergrund der oben dargestellten Problematik werden wir im Rahmen unserer Beratungsprojekte regelmäßig nach einem strukturierten und praxisverträglichen Ansatz gefragt, um die Sortimentsplanung und -steuerung den beschriebenen Herausforderungen anzupassen.

Bei den durchgeführten Sortimentsanalysen auf Filialebene zeigt sich häufig, dass die Anzahl der Artikel nicht optimal auf die jeweilige Flächen- und Kundenstruktur abgestimmt wird. Bei einem nachfolgenden „Screening" der Prozesse der Sortimentsplanung wird deutlich, dass die Ursache oft in einem unstrukturierten „Top-down"-Ansatz der Planung liegt. Das heißt erstens, dass bei der Clusterung des Filialportfolios die Flächenkonzeption sowie die lokale Nachfrage- und Wettbewerbsstruktur vernachlässigt werden. Zweitens wird die Planung der Sortimente oft zunächst für die größte Einheit des Filialportfolios durchgeführt und dann auf die kleineren Formate heruntergebrochen, indem Artikel, Eckpreislagen und Volumina reduziert werden.

Lokalen Filialbedürfnissen wird durch individuellen Zukauf bestimmter Artikel für die entsprechenden Filialen Rechnung getragen. Das Resultat ist häufig eine Über-

bzw. Unterversorgung der Filiale mit den geeigneten Artikeln und dadurch ein entsprechender Profilierungsverlust des Sortiments bei hohen Komplexitätskosten.

Beispielsweise zeigte sich in einem Projekt zur Effizienzsteigerung der Bekleidungskategorien für eine portugiesische Hypermarkt-Kette, dass der Anteil der Herrenkonfektion (HAKA) 50 % des gesamten Sortiments ausmachte. Bei der Analyse des soziodemographischen Einzugsgebiets und der Struktur der „Heavy buyer" stellte sich heraus, dass 85 % aller Kunden weiblichen Geschlechts waren und nur ca. 20 % ihrer Gesamtausgaben in dieser Filiale auf Herrenartikel (für Ehemann, Freund) fielen.

Die Einführung der nachfolgend vorgestellten Sortimentsbausteinkonzeption justiert die strategische Ausrichtung der Sortimentsbereiche und ermöglicht eine weitaus genauere Anpassung der Sortimentsaussage an die Kunden- und Filialanforderungen. Gleichzeitig berücksichtigt es die internen Komplexitätskosten in Einkauf, Logistik und Vertrieb.

Das *Vorgehen zur Entwicklung von Sortimentsbausteinen* setzt sich aus vier Schritten zusammen:

1. Strategische Positionsbestimmung,
2. Entwicklung des Basiskonzepts,
3. Modularisierung,
4. Operationalisierung.

Schritt 1, die strategische Positionsbestimmung, lässt sich in die Bereiche Sortiments- und Flächenstrategie unterteilen. Im Rahmen der Sortimentsstrategie werden die sortimentsseitigen Anforderungen aus Kundensicht ermittelt und entsprechende Kernkompetenzen definiert. Ergänzt um Marktperspektiven und Rentabilitätskennzahlen folgt die Festlegung der strategischen Stoßrichtung je Sortimentsbereich.

Im Rahmen der Flächenstrategie wird das bestehende Filialportfolio nach internen und externen Erfolgsfaktoren, wie z. B. die Flächenkonzeption oder die lokale Kundenstruktur, geclustert. Nach der Erhebung der Flächenspreizung (d. h. der Unterschied zwischen der Fläche der kleinsten und der größten Filiale) als fixe Planungsdeterminante erfolgt die Festlegung der strategischen Stoßrichtung je Filialcluster.

Im *Schritt 2* erfolgt die *Entwicklung des Basiskonzepts.* Das Basiskonzept setzt sich aus der Definition von Kernsortiment-Bausteinen als Pflichtsortiment und wählbarer Erweiterungsbausteine mit jeweils eigener Sortimentsaussage zusammen.

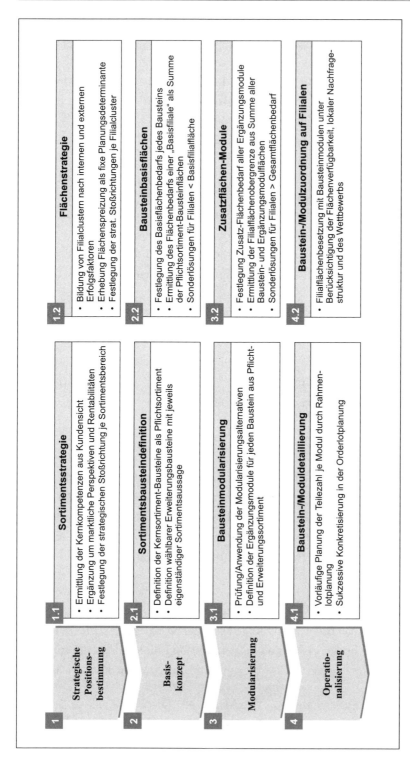

Abb. 2: Vorgehen zur Entwicklung von Sortimentsbausteinen

Für jeden Baustein erfolgt die Festlegung des Basisflächenbedarfs. Auf dieser Basis wird anschließend der Flächenbedarf einer „Basisfiliale" als Summe der Pflichtsortiment-Bausteinflächen ermittelt. Für Filialen, deren Flächenverfügbarkeit die Basisfilialfläche unterschreitet, müssen Sonderlösungen entwickelt werden.

Im *Schritt 3*, der *Modularisierung*, wird durch Anwendung verschiedener Modularisierungsalternativen jeder Sortimentsbaustein durch ein Basis-Modul konkretisiert. Zusätzlich werden Ergänzungsmodule für jeden Baustein aus Pflicht- und Erweiterungssortiment definiert. Für diese Ergänzungsmodule wird der Zusatzflächenbedarf festgelegt und anschließend die Filialflächenobergrenze als Summe aller Baustein- und Ergänzungsmodulflächen ermittelt. Im Rahmen dieses Schrittes müssen Sonderlösungen für Filialen, deren Flächenverfügbarkeit die Flächenobergrenze überschreitet, definiert werden.

Schritt 4, die *Operationalisierung*, setzt sich aus der Baustein-/Moduldetaillierung und der Baustein-/Modulzuordnung auf Filialen zusammen. In der Rahmenlotplanung erfolgt die vorläufige Planung der Teilezahlen je Modul, welche dann in der anschließenden Orderlotplanung sukzessive konkretisiert werden. In einem letzten Schritt erfolgt die Filialflächenbesetzung mit Bausteinmodulen. (Abb. 2)

2.1 Strategische Positionsbestimmung

Im Rahmen der strategischen Positionsbestimmung wird die *grundsätzliche strategische Ausrichtung des Sortiments* bestimmt und eine möglichst *weitgehende Homogenisierung des Filialportfolios* vorgenommen. Beide Punkte stellen eine wichtige Grundvoraussetzung für die erfolgreiche Entwicklung und Implementierung der Sortimentsbausteinkonzeption dar.

2.1.1 Sortimentsstrategie

Jeder Bekleidungs-Einzelhändler definiert seine „Kernkompetenz" auf eine andere Art und Weise. Oftmals werden dabei jedoch wichtige Variablen wie Kundenakzeptanz oder Wettbewerbspositionierung vernachlässigt. Eine Bestimmung der strategischen Position pro Sortimentsbereich ist daher der erste wichtige Schritt innerhalb unseres Sortimentsbausteinkonzepts.

Die strategische Positionsbestimmung zum Sortiment beinhaltet drei Dimensionen, die für jeden definierten Sortimentsbereich zu analysieren sind.

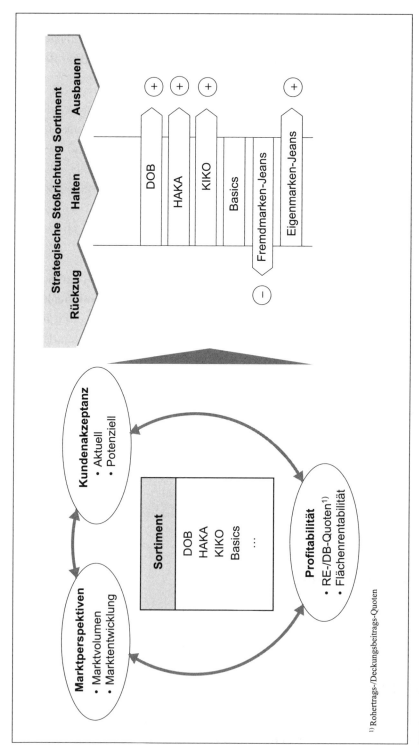

Abb. 3: Strategische Positionsbestimmung zum Sortiment

1) Rohertrags-/Deckungsbeitrags-Quoten

Externe marktliche Perspektive wie:

- Marktwachstum,
- Marktvolumen,
- Wettbewerbs-/Distributionsstruktur.

Interne profitabilitätsseitige Perspektive wie:

- Rohertragsquote,
- Deckungsbeitragsquote,
- Flächenrentabilität,
- Kundenakzeptanz,
- Sortimentsstärken- und -schwächenvergleich aus Fokusgruppen-Interviews oder Fragebogenaktionen.

Die Definition von Kernkompetenzen aus Verbrauchersicht spielt dabei eine besonders wichtige Rolle. Ihr sollte daher ein hoher Stellenwert in der strategischen Positionsbestimmung des Sortiments zukommen.

Eine besondere Qualität erhält diese Art der Analyse bei Anwendung von Category-Management-Prinzipien, wobei nicht nur der „aktuelle" Sortimentsbereich repositioniert wird, sondern die gesamte Kategorie aus Verbrauchersicht neu definiert wird und somit alle Elemente der Marketing-Strategie optimal ausgerichtet werden können.

Die Ergebnisse oben genannter Analysen bilden die Basis für die Bestimmung der strategischen Stoßrichtung pro Sortimentsbereich. Die Einordnung in die drei Richtungen Rückzug, Halten oder Ausbauen ist die maßgebliche Entscheidungsgrundlage für die spätere Ausgestaltung der Sortimentsbausteine. (Abb. 3)

2.1.2 Filialstrategie

Eine weitere elementare Bedingung für die erfolgreiche Realisierung der Sortimentsbausteinkonzeption stellt die vorherige Homogenisierung des bestehenden Filialportfolios pro Betriebstyp dar. In der Beratungspraxis stellen wir immer wieder fest, dass dies einer der kritischsten Punkte auf Kundenseite ist. Oftmals hat eine kritische Betrachtung des Filialportfolios noch nicht stattgefunden, da primär Wachstumsziele im Vordergrund standen und eine Heterogenisierung des Filialportfolios dabei billigend in Kauf genommen wurde. Beispielsweise stellte sich in einem Beratungsprojekt für einen großen deutschen Bekleidungsfilialisten heraus, dass 90 % aller Filialen in

Städten mit weniger als 100.000 Einwohnern nicht den Anforderungen einer vorab definierten Zielstruktur entsprachen. Vor dem Hintergrund einer konsequenten Einführung der Sortimentsbausteinkonzeption ergaben sich zwei Handlungsoptionen: die sukzessive Schließung dieser Filialen oder die Umwandlung in einen neuen Betriebstyp. Man entschloss sich für die letztere Variante, wofür vier Kriterien unabdingbar erfüllt sein mussten:

1. Die Umwandlung in einen neuen Betriebstyp sollte in das strategische Gerüst des Unternehmens ohne größere Reibungsverluste integrierbar sein.

2. Es müssen die notwendigen Ressourcen (Zeit, Kapital und Management Skills) zur Verfügung stehen.

3. Die umzuwandelnden Filialen müssen eine definierte kritische Masse ergeben, da ansonsten keine betriebswirtschaftliche Rechtfertigung bestünde und kein ernst zu nehmender Marktauftritt der neuen Betriebsform möglich wäre.

4. Es sollte bereits ein hohes Maß an Homogenität in dieser Filialgruppe vorhanden sein

Jede Filiale wird nach den für das Unternehmen relevanten internen und externen Erfolgsfaktoren bewertet. Die ermittelten Ergebnisse werden in einer „Scorecard" festgehalten, welche dann anschließend als Basis zur Filialclusterung nach den definierten Erfolgsfaktoren dient. (Abb. 4)

Für jedes Filialcluster wird eine strategische Stoßrichtung definiert. Vor der endgültigen Festlegung der strategischen Stoßrichtung erfolgt für jede Filiale ein Quervergleich der Rentabilitätskennzahlen und gegebenenfalls des aktuellen Abschreibungsstatus (beispielsweise für Rückzugskandidaten).

Das Filialportfolio lässt sich somit in einer Gruppierungssystematik abbilden, anhand deren sich eine eindeutige strategische Ausrichtung zur Entwicklung der einzelnen Filialen ablesen lässt. (Abb. 5)

Die Zielsetzung für das überarbeitete Filialportfolio ist eine klare strategische Ausrichtung und ein hoher Grad an Homogenität. Die Komplexität der Sortimentsplanung kann somit erheblich reduziert werden.

Um eine erste fixe Planungsdeterminante zu erhalten, ist in diesem Schritt noch der Grad der Flächenspreizung für das bestehende Filialportfolio zu überprüfen. (Abb. 6)

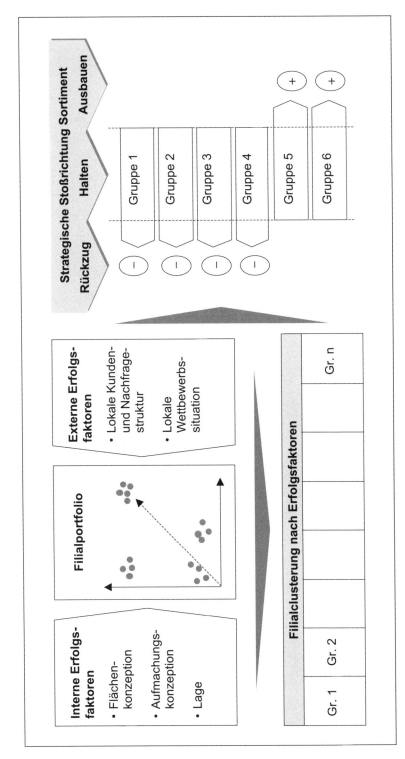

Abb. 4: Strategische Positionsbestimmung zum Filialportfolio

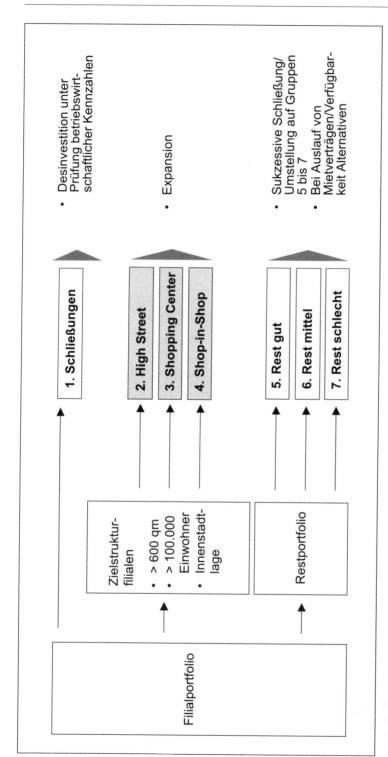

Abb. 5: Gruppierungssystematik für Filialportfolio

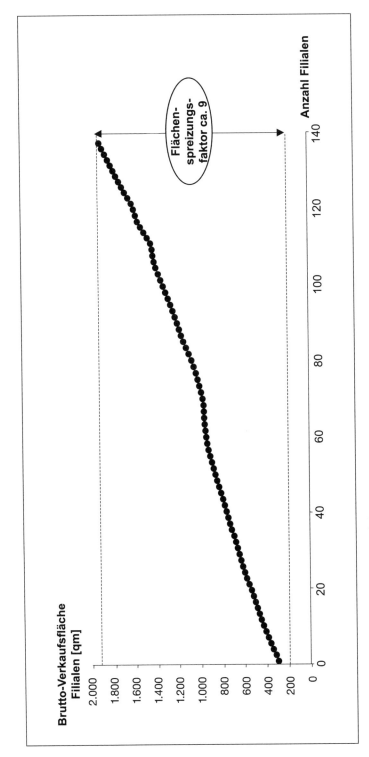

Abb. 6: Flächenstruktur Filialportfolio

2.2 Basiskonzept

Im Rahmen der Entwicklung des Basiskonzepts werden zur Beschreibung der Kernkompetenz pro Sortimentsbereich sogenannte „Kernsortiment-Bausteine" definiert. Darüber hinaus werden zusätzliche „Erweiterungssortiment-Bausteine" mit eigenständiger Sortimentsaussage entwickelt. Daran anschließend erfolgt die Festlegung von Bausteinbasisflächen, also die Ermittlung des physischen Flächenbedarfs pro Baustein.

2.2.1 Definition der Sortimentsbausteine

Die Bestimmung der Sortimentsbausteine erfolgt idealerweise im Rahmen eines Workshops zwischen Unternehmensleitung, Zentraleinkauf und Unternehmensberatung. Die wichtigste Grundlage für die Festlegung stellt die zuvor definierte strategische Stoßrichtung pro Sortimentsbereich dar.

Im Rahmen der Ausgestaltung der strategischen Richtung werden zwei bis drei Sortimentsbausteine für jeden Sortimentsbereich definiert, welche repräsentativ für die Kernkompetenz des Unternehmens sind. Im Fall unseres Beispielunternehmens haben vorhergehende Analysen gezeigt, dass unter anderem der Bereich der Damenoberbekleidung (DOB) strategisch auszubauen ist. Dabei sollte der Fokus auf der 18- bis 25-jährigen, modeorientierten Frau und im etwas klassischeren Bereich auf der jung gebliebenen Dame bis 35 Jahre liegen. Somit wurden die zwei Kernsortiment-Bausteine „DOB Fashion" und „DOB Lady" mit dem Ziel definiert, die Kernkompetenz des Unternehmens optimal darzustellen und dadurch höchste Attraktivität für den definierten Zielkunden zu gewährleisten.

Um die Sortimentsaussage in der DOB abzurunden, wurden drei Erweiterungssortiment-Bausteine, „DOB My Life", „Underground" und „Special DOB", definiert. Die Bausteine verfolgen eine eigenständige Sortimentsaussage und sprechen teilweise unterschiedliche Käuferschichten an, beispielsweise „Underground" für die junge Generation von 15 bis 18 Jahren. (Abb. 7)

2.2.2 Festlegung der Bausteinbasisflächen

Nach erfolgter Definition der Sortimentsbausteine erfolgt nun die Ermittlung des Brutto-Flächenbedarfs pro Sortimentsbaustein. In einem gemeinsamen Workshop zwischen Design, Einkauf, Verkauf und Merchandising wird der Flächenbedarf pro

Baustein top-down festgelegt. Das bedeutet, dass auf der Basis von Erfahrungswerten und der zugewiesenen strategischen Rolle der Flächenbedarf pro Sortimentsbaustein definiert wird, der für die Darstellung der gewünschten Kompetenzaussage notwendig erscheint. Eine wichtige Determinante für die Bestimmung des Flächenbedarfs ist unter anderem der Kollektionsrhythmus des betreffenden Sortimentsbausteins. Als Faustregel gilt, dass der Flächenbedarf sich mit zunehmendem Kollektionsrhythmus tendenziell reduziert. Da es sich bei den definierten Bausteinen zu diesem Zeitpunkt noch um die Bezeichnung eines Sortimentsbereichs handelt, dem keinerlei Produkte oder Mengen zugeordnet sind, ist eine quantitative Herleitung zu diesem Zeitpunkt noch nicht möglich. (Abb. 8)

Der gesamte Flächenbedarf der Kernsortiment-Bausteine stellt den minimalen Flächenbedarf für eine „Basisfiliale" dar. Der ermittelte Basisflächenbedarf wird mit der vorhandenen Flächenverfügbarkeit aller Filialen abgeglichen. Wie unten stehendes Beispiel verdeutlicht, ist eine gewisse Toleranz nach unten möglich, die durch eine Verdichtung der Aufmachung (Warenträger, Micro-Merchandising etc.) realisiert werden kann. (Abb. 9)

Als Anhaltspunkt gilt: Unterschreiten mehr als 20 % der Filialen die benötigte Basisfilialfläche, ist noch einmal kritisch zu überprüfen, ob die zuvor definierte Sortimentsstrategie mit dem bestehenden Filialportfolio übereinstimmt und realisiert werden kann.

Für verbleibende „Kleinstfilialen", deren Verkaufsfläche die erforderliche Größe für die Listung der verbindlichen Kernsortiment-Bausteine unterschreitet, muss in Anlehnung an die Filialstrategie eine Sonderlösung gefunden werden. Dies kann nach eingehender Prüfung aller relevanten Kriterien entweder eine Schließung der Filiale oder eine sortimentsseitige Spezialisierung bedeuten.

Zur Bestimmung des Flächenbedarfs für die Erweiterungssortiment-Bausteine wird das gleiche Prinzip angewendet. Nach der Flächenzuweisung sollte für die Erweiterungssortiment-Bausteine noch einmal überprüft werden, ob deren gesamter Flächenbedarf zusammen mit dem der Kernsortiment-Bausteine nicht die maximale Flächenverfügbarkeit der großen Filialen überschreitet. In diesem Fall ist entweder die Auswahl an Erweiterungssortiment-Bausteinen zu reduzieren oder der Flächenbedarf noch einmal zu revidieren.

Sortimentsbereich	Strategische Stoßrichtung	Kernsortiment-Bausteine	Erweiterungssortiment-Bausteine
DOB		DOB Fashion DOB Lady	• DOB My Life • Underground • Special DOB
HAKA		HAKA Classic HAKA Casual	• HAKA Gregor • Underground • Special HAKA
Basics		Wirk-Standard	
Sports		Sports Zone	• Gym Zone
Markenjeans			• Marke 1 • Marke 2 • Marke 3 • Marke 4
Retailer-Eigenmarken		Gregor Dark Blue High Street	
Accessoires		Accessoires	• Schmuck/Kinderschmuck • Kosmetik
Wäsche			• Wäsche
KIKO			• Kiko Junior • Kiko Kids • Kiko Standards

Abb. 7: Definition von Kernsortiment- und Erweiterungssortiment-Bausteinen

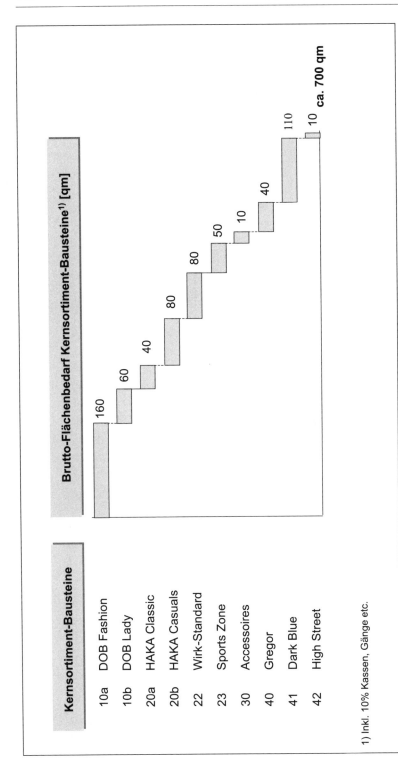

Abb. 8: Kernsortiment-Bausteine

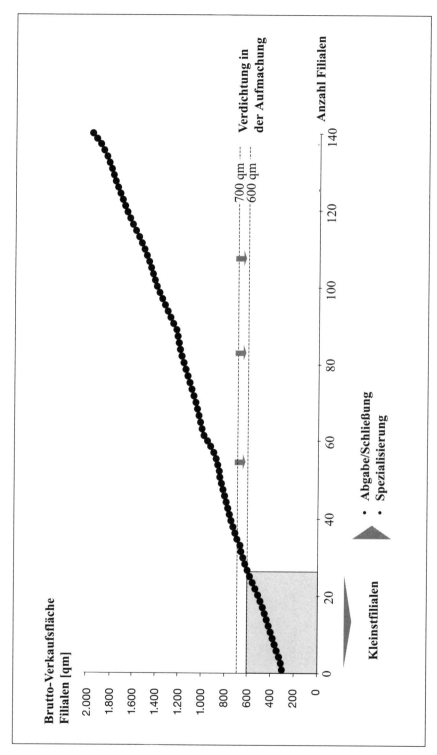

Abb. 9: Flächenstruktur Filialportfolio

2.3 Modularisierung der Sortimentsbausteine

Die Modularisierung der Sortimentsbausteine stellt das Herzstück des Sortimentsbausteinkonzepts dar. In diesem Schritt werden die zuvor definierten Sortimentsbausteine entsprechend der Flächenverfügbarkeit sowie lokaler Nachfrage- oder Wettbewerbsstruktur mit unterschiedlichen Sortimentsmodulen gefüllt.

2.3.1 Konzeptionelle Modularisierungsalternativen

Das Prinzip der Modularisierung von Sortimentsbausteinen beruht auf einem Anbau
von fest definierten Sortimentsteilen mit mehr Menge und/oder mehr verschiedenen
Artikeln.

Wie bereits erwähnt, muss man sich den Sortimentsbaustein bis zu diesem Zeitpunkt
als eine Art „Mantel" vorstellen, der einen bestimmten Sortimentsbereich umfasst. Im
Rahmen der Modularisierung wird dieser „Mantel" idealerweise für jede Filiale mit
Sortimentsmodulen gefüllt. Die Modularisierung stellt also den ersten Schritt dar, den
Sortimentsbaustein mit „Leben" zu füllen. Konkret bedeutet dies, dass der Einkäufer
für jedes Modul auf quantitativer Ebene Artikelgruppen mit Farb- und Größenaus-
prägungen plant.

Die Qualifizierung, sprich die Hinterlegung der generischen Artikelfestlegung mit
konkreten Artikeln, erfolgt dann im nächsten Schritt, der Operationalisierung.

Jedem Baustein X wird grundsätzlich ein Basis-Modul mit einem festgelegten Pro-
duktgruppen-, Warengruppen-, Artikel-, Farben- und Größen-Mix zugeordnet. Dabei
sollte der Anteil der schnell drehenden Artikel im Basis-Modul möglichst hoch ausfallen.

Ist Baustein X ein Pflichtsortiment (Kernsortiment-Baustein), muss das Basis-Modul
in allen Filialen geführt werden. Ist Baustein X ein Erweiterungssortiment-Baustein,
kann das Basis-Modul zugelistet werden, sofern Platz zur Verfügung steht. (Dies trifft
für alle Filialen zu, deren tatsächlicher Flächenbedarf die durch die Summe der Kernsortiment-Bausteine definierte Mindestflächenanforderung überschreitet.)

Zu jedem Basis-Modul, egal ob Pflicht- oder Erweiterungssortiment, können Ergänzungsmodule definiert werden. Dabei unterscheiden wir zwischen drei Arten von
Ergänzungsmodulen:

- X_{PLUS} (größere Menge von gleichen Artikeln)
- X_{TOP} (zusätzliche Artikel)
- X_{MIX} (größere Mengen gleicher Artikel und zusätzliche Artikel)

Die Aufgabe dieser Sortimentsmodule besteht darin, filialspezifische Unterschiede auszugleichen, insbesondere hinsichtlich:

- Flächenverfügbarkeit,
- lokaler Nachfragestruktur und
- lokalem Wettbewerbsumfeld.

Nehmen wir beispielsweise an, Filiale A und B verfügen über identische Verkaufsflächen. Standortbedingt verfügt Filiale A jedoch über einen signifikant höheren Umsatz (und damit bei vergleichbarer Sortimentsstruktur höheren Lagerumschlag) als Filiale B.

Der durch eine höhere Kundenfrequenz bedingte Mehrbedarf an Ware für Filiale A wird durch einen Anbau von Ergänzungsmodul X_{PLUS}, also durch eine größere Menge bestimmter schnell drehender Artikel aus dem Basis-Modul X ausgeglichen. Als Faustregel gilt hierbei, dass maximal zwei zusätzliche X_{PLUS}-Module zugelistet werden sollten.

Entsprechend werden Unterschiede aufgrund lokaler Nachfragestruktur und/oder lokalem Wettbewerbsumfeld durch Module des Typs X_{TOP} berücksichtigt. Diese Art von Modul wird insbesondere dazu verwendet, das Basissortiment um modischere oder höherpreisige Artikel zu erweitern.

Ergänzungsmodule können also grundsätzlich nie alleine gelistet werden, sondern müssen immer einem Basis-Modul zugelistet werden.

Der Mehrwert dieser Systematik liegt, einmal abgesehen von der erreichten Komplexitätsreduktion, marketingseitig in der konsequenten und systematischen Berücksichtigung von standortspezifischen Unterschieden hinsichtlich Wettbewerb, Konsument und Filialportfolio.

Ein limitierender Faktor, mit dem wir in der Beratungspraxis oft konfrontiert werden, ist die teilweise ungenaue Zusammenfassung des bestehenden Filialportfolios in Cluster. Oft wird als einziges Selektionskriterium der Filialumsatz verwendet. Parameter wie Lagetyp, Filialgröße oder variierende Flächenkonzepte bzw. Ladenbaugenerationen bleiben unberücksichtigt.

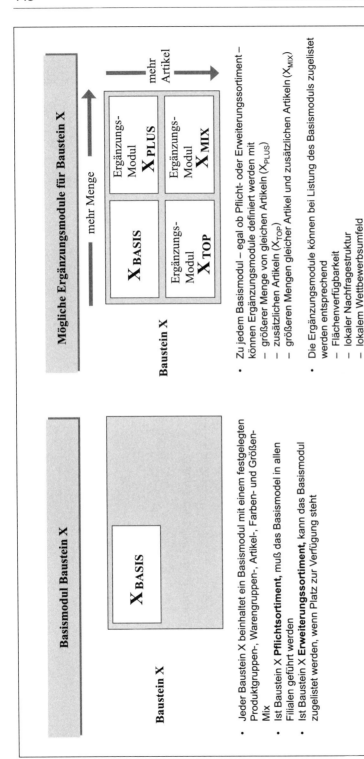

Abb. 10: Prinzip der Bausteinmodularisierung

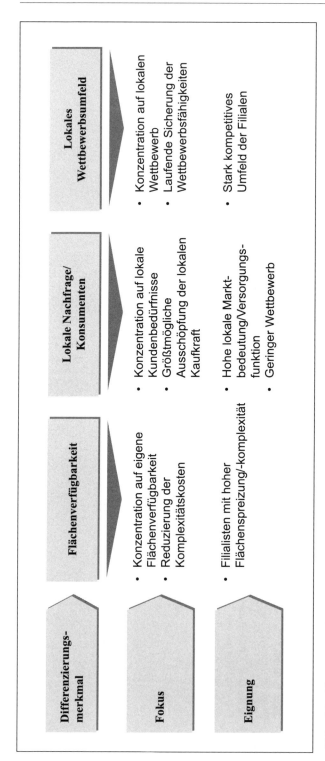

Abb. 11: Alternative Modularisierungskonzeption

Als Konsequenz zeigt sich häufig eine Überbestückung der Filialen, eine Diskrepanz zwischen Sortimentsaussage und Kundenerwartungen und Ähnliches. Deshalb gilt für den Modularisierungsteil der Sortimentsbausteinkonzeption: Je heterogener das Filialportfolio, desto höher der benötigte Detaillierungsgrad auf Filialebene.

Die Modularisierungsalternativen werden durch Flächenverfügbarkeit, Konsumenten- oder Wettbewerbsumfeld determiniert. Grundsätzlich sollte sich die Entscheidung auf *ein* dominantes Kriterium konzentrieren. (Abb. 11)

Die Flexibilität der gleichzeitigen Anwendung mehrerer Modularisierungskonzeptionen hängt unter anderem auch stark von internen Unternehmensspezifika ab, wie beispielsweise der Qualität des Zentraleinkaufs oder der Logistik.

Ist im Rahmen der in Kapitel 2.1.2 beschriebenen Flächenstrategie eine weitgehende Homogenisierung des Filialportfolios erreicht worden und überwiegen die externen Einflüsse Wettbewerb und Konsument nicht zu stark, so sollte eine Differenzierung nach Flächentypen gewählt werden. Diese Modularisierungskonzeption erlaubt eine weitgehende Komplexitätsreduktion. (Abb. 12)

Ein solcher Ansatz ist überwiegend für hoch standardisierte Filialkonzepte wie *Mango*, *The Gap*, *Biba* oder *Ingrid S.* und ähnliche Formate anwendbar. Traditionelle Textilfachhändler verfügen erfahrungsgemäß über ein Filialportfolio mit erheblich größerer Flächenspreizung.

Im Falle einer Differenzierung nach Filialtypen stellen unterschiedliche Ergänzungssortiment-Module je Filialtyp hohe Anforderungen an die Sortimentsbildung und -steuerung. Dies ist insbesondere dadurch begründet, dass keine additive Verknüpfung der Sortimente mehr möglich ist.

2.3.2 Zusatzflächenbedarf der Module

Im Konzept der Sortimentsdefinition durch Bausteine entsteht zusätzlicher Flächenbedarf erfahrungsgemäß nur für die Top-Module, nicht jedoch für die Plus-Module. Da es sich bei Plus-Modulen um eine höhere Menge ausgewählter Artikel des Basis-Moduls handelt, entsteht durch höheren Umschlag auf gleicher Fläche und eine Filiallagerung der darüber hinausgehenden Mengen kein zusätzlicher Flächenbedarf.

Bei der Wahl zweier Basis-Module für sehr umsatzstarke Filialen setzen wir einen durchschnittlichen Flächenbedarfszuwachs von 50 % an. Der zusätzliche Flächenbedarf für Top-Module kann nicht allgemeingültig bestimmt werden, sondern muss für

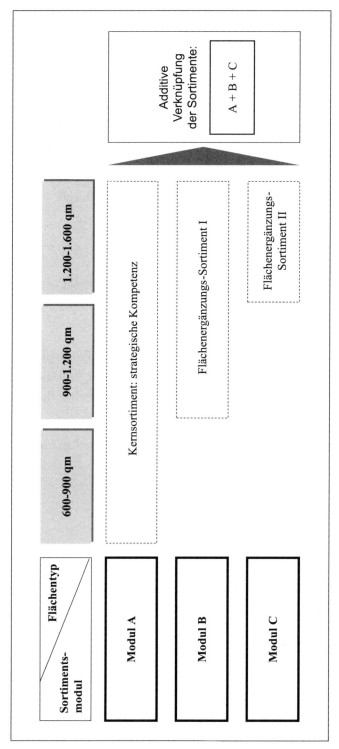

Abb. 12: Beispiel für Bausteinmodularisierung: Differenzierung nach Flächentypen

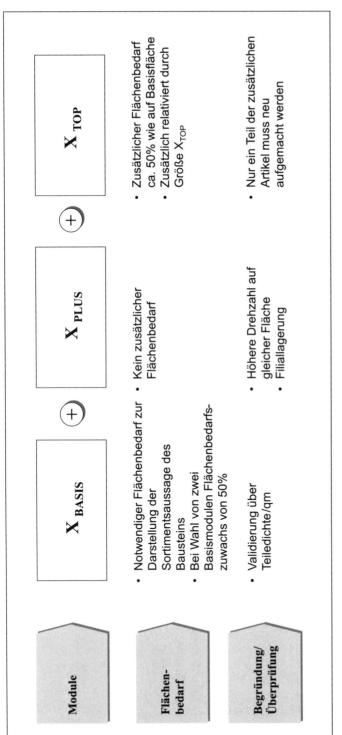

Abb. 13: Zusatzflächenbedarfsableitung-Module: Beispiele Baustein X

	BASIS-Modul	PLUS-Modul	TOP-Modul
Kernsortiment-Bausteine			
DOB Fashion	160	0	20
DOB Lady	60	0	10
HAKA Classic	40	0	6
HAKA Casual	80	0	12
Wirk-Standard	80	0	
Sports Zone	40	0	
Accessoires	10	0	
Gregor	40	0	
Dark Blue	110	0	
High Street	10	0	
Erweiterungssortiment-Bausteine			
DOB My life	30		
HAKA Gregor	24	0	
Underground	50	0	
Gym Zone	24	0	
Wäsche	50	0	
Levis	50	0	26
Marke 2	50	0	
Marke 3	50	0	
Marke 4	50	0	
Kiko Junior	24	0	
Kiko Kids	24	0	
Kiko Standards	24	0	
Schmuck	10	0	2
Kinderschmuck	10	0	
Kosmetik	10	0	
Special DOB	200	0	
Special HAKA	100	0	
	ca. 1.500 qm	0 qm	ca. 90 qm

= 56 Module

Abb. 14: Flächenbedarf nach Baustein-Modul-Matrix [qm Bruttofläche]

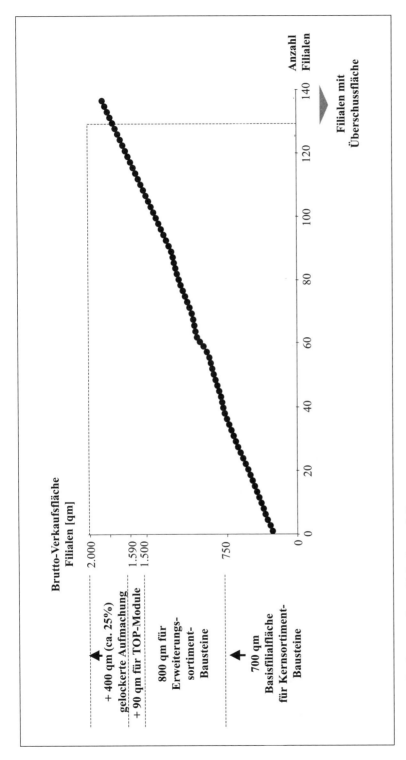

Abb. 15: Flächenstruktur Filialportfolio

jeden konkreten Fall individuell festgelegt werden. Die Begründung hierfür liegt überwiegend in dem stark schwankenden Mengenverhältnis von Top- zu Basis-Modul. Darüber hinaus muss oft nur ein Teil der zusätzlichen Artikel neu aufgemacht werden. (Abb. 13)

Nachdem die Anzahl der Bausteine, die zugehörigen Modularisierungsalternativen und der Bruttoflächenbedarf pro Modul festgelegt worden sind, lässt sich der Flächenbedarf in einer Baustein-Modul-Matrix (BMM) übersichtlich darstellen. Unabhängig davon, ob das Sortiment den Filialen zentral vorgegeben wird oder ob den Filialen eine gewisse Listungsautonomie zugesprochen wird, dient die Matrix einer leicht verständlichen Visualisierung der wählbaren Bausteine und deren Flächenbedarf für mehrere Anwender (Einkäufer, Geschäftsleiter, Controller etc.).

Diese Übersicht stellt für das Team aus Einkauf, Verkauf und Merchandising eine erhebliche Erleichterung der Flächenbelegungsplanung der Filialen dar. Auf die Flächenbelegungsplanung werden wir zu einem späteren Zeitpunkt im Rahmen der Operationalisierung noch näher eingehen.

Aus der Baustein-Modul-Matrix lässt sich für unser Beispielunternehmen ablesen, dass insgesamt 56 Module definiert wurden, deren maximaler Flächenbedarf sich auf 1.500 Quadratmeter beläuft, sofern Bausteine nicht doppelt gewählt werden. (Abb. 14)

Der ermittelte maximale Flächenbedarf kann für größere Filialen in der Regel durch aufgelockerte Warenpräsentation noch um ca. 25 % erhöht werden.

Das Filialportfolio muss nun im nächsten Schritt einem erneuten Gegencheck unterzogen werden, um zu ermitteln, wie viele Filialen mit Überschussfläche vorhanden sind. (Abb. 15)

Wie die Kleinstfilialen mit weniger Verkaufsfläche als zur Abdeckung des Kernsortiments benötigt, erfordern auch die Filialen mit Überschussfläche eine Sonderlösung. Für diese Flächen bieten sich verschiedene Nutzungsalternativen an, die von Shop-in-Shop-Systemen bis zu Gastro-Konzepten reichen. Dabei ist selbstverständlich zu beachten, dass der „strategische fit" zur Corporate Identity des Unternehmens gewahrt bleibt.

Viele Unternehmen verfügen über Sonderkonzepte wie Flagship Stores oder Weltstadthäuser, die hinsichtlich Verkaufsfläche und Umsatz komplett aus dem übrigen Filialportfolio fallen. Diese Filialen bedürfen grundsätzlich einer Sonderplanung und lassen sich nicht in das Planungsschema der übrigen Filialen einordnen.

3 Operative Umsetzung des Sortimentsbausteinkonzepts

Als Voraussetzung für die Umsetzung müssen die bestehenden Kernprozesse auf die Anforderungen und Möglichkeiten des Sortimentsbausteinkonzepts ausgerichtet werden. In diesem Kapitel werden die neuen Kernprozesse und die Instrumente der Prozesssteuerung vorgestellt sowie der resultierende Anpassungsbedarf in der Ablauforganisation und den EDV-Systemen beschrieben.

Leider kann in der Praxis immer wieder beobachtet werden, dass strategisch durchaus tragfähige Sortimentskonzepte an der zu oberflächlichen und halbherzigen Implementierung scheitern. Die Erfahrung hat gezeigt, dass es bei der Umsetzung eines Sortimentsbausteinkonzeptes keinesfalls mit der Anpassung einiger EDV-Programme getan ist. Dieses Vorgehen führt in der Regel dazu, dass die altbewährten Prozesse außer Kontrolle geraten. Die Konsequenz: Ausufernde Warenbestände einerseits bei gleichzeitigem Frequenzverlust durch zielgruppenrelevante Stock-out-Positionen andererseits. Das Resultat: Rückläufige Flächenproduktivitäten bei steigenden Logistikkosten.

Um die Konzeptpotenziale optimal zu realisieren, steht die *Umsetzungsphase* daher unter folgender *Zielsetzung*:

- Neuausrichtung der operativen Kernprozesse auf die Erfordernisse und Möglichkeiten des Sortimentsbausteinkonzepts.
- Installierung von Feedback-Zyklen zur zeitnahen Prozess- und Sortimentssteuerung.
- Anpassung der Ablauforganisation und ggf. Durchführung personeller Veränderungen.
- Anpassung/Ergänzung der EDV-Systeme (Warenwirtschaft, Einkauf, Reporting etc.).
- Identifizierung von notwendigem Anpassungsbedarf für das Sortimentsbausteinkonzept (Finetuning-Funktion).

Der nachhaltige Umsetzungserfolg eines Sortimentsbausteinkonzeptes kann folglich nur erreicht werden, wenn die Kernprozesse von der Kollektionsentwicklung/Musterung bis zum Abverkauf im Hinblick auf die Konzepterfordernisse und -möglichkeiten einem kompromisslosen Redesign unterzogen werden. Ausgehend von den neu

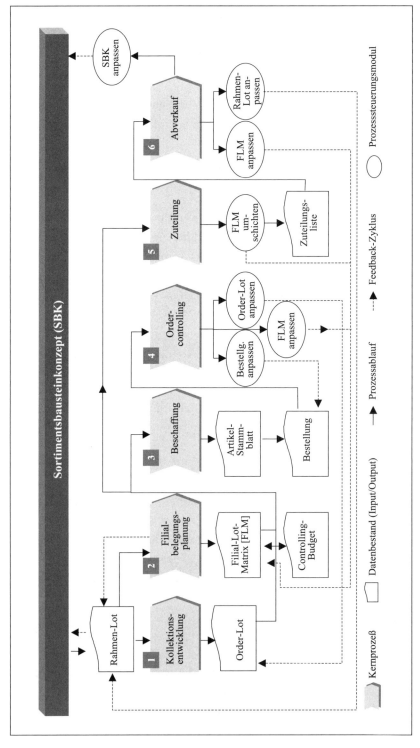

Abb. 16: Prozessablauf zur operativen Umsetzung des Sortimentsbausteinkonzepts (vereinfacht)

definierten Soll-Prozessabläufen sind dann die notwendigen Anpassungen in der Aufbauorganisation, personellen Besetzung und den diversen EDV-Systemen abzuleiten. Die pilotweise Einführung offenbart schließlich, in welchen Punkten das Sortimentsbausteinkonzept noch nachgebessert werden muss.

Der Gesamtprozess zur operativen Umsetzung des Sortimentsbausteinkonzepts beinhaltet sechs Kernprozesse (Abb. 16):

1. Kollektionsentwicklung,
2. Filialbelegungsplanung,
3. Beschaffung,
4. Ordercontrolling,
5. Zuteilung,
6. Abverkauf.

Um es gleich vorwegzunehmen: Diese Kernprozesse bilden kein lineares Prozessstufen-Modell, in dem alle Schritte zeitlich und kausal aufeinanderfolgen und nachgelagerte Schritte keinen Einfluss auf vorgelagerte ausüben. Vielmehr laufen die einzelnen Kernprozesse zeitlich weitgehend parallel ab und sind miteinander durch kreislaufbildende Rückkopplungsschleifen zur endogenen Prozesssteuerung verbunden (Abb. 16). Diese Rückkopplungsschleifen bilden das Herzstück des neuen Gesamtprozesses und dienen zur zeitnahen Sortiments-, Beschaffungs- und Zuteilungssteuerung, d.h. ermöglichen die eigene Lernfähigkeit des Prozesssystems.

Da das Redesign der Kernprozesse offensichtlich den Dreh- und Angelpunkt der operativen Umsetzung bildet, werden diese als integraler Bestandteil eines dynamischen Prozesssystems in den nachfolgenden Teilkapiteln (3.1–3.6) am Beispiel eines vertikalisierten Bekleidungsfilialisten erläutert. Ferner wird der in der Praxis üblicherweise entstehende Anpassungsbedarf in den EDV-Systemen thematisiert.

3.1 Kollektionsentwicklung

Die Kollektionsentwicklung eines vertikalisierten Bekleidungsfilialisten muss verschiedene – z.T. konkurrierende – Anforderungen erfüllen:

- zielgruppen- und trendgerechte Kollektionen;
- kurze Kollektionsrhythmen von bis zu zwölf Kollektionen pro Jahr;

- Beschränkung auf günstigste Beschaffungsquellen mit z. T. langen Lieferzeiten (Far East);
- Einhaltung von internen Zeit-, Kalkulations- und Kostenbudgets.

Dieses Spannungsfeld, in dem sich Design und Einkauf behaupten müssen, führt häufig zu folgenden Problemen:

- lange Vorlaufzeiten zwischen Kollektionsentwicklung und Filialanlieferung von bis zu sechs Monaten – Mangel an modischer Aktualität;
- ausufernde Kollektionen mit hohen Abschriften;
- Kollektionen sind – häufig bedingt durch Vorlieben in Design/Einkauf – modisch auf Endverbraucher an bestimmten Standorttypen fokussiert (z. B. High Street) und lassen sich in vielen anderen Filialen nur schwer zu regulären Preisen abverkaufen.

Alle diese Probleme lassen sich letztlich auf die Ursache zurückführen, dass keine hinreichend konkretisierte – und daher auch keine einheitliche – Vorstellung über die Kernzielgruppe und den daraus resultierenden Aufbau der zu entwickelnden Kollektionen existiert. Während der Zielgruppen-Konsens in der Phase der strategischen Konzeptentwicklung herbeigeführt werden muss (s. Kap. 2), erfolgt die Konkretisierung des Kollektionsaufbaus in der Umsetzungsphase der Kollektionsentwicklung durch die Definition des sog „Rahmen-Lots", welches pro Baustein-Modul folgende Eckdaten vorgibt (Abb. 17):

- Anzahl Artikel pro Produktgruppe,
- Anzahl Farben pro Artikel,
- Größenschlüssel pro Artikel,
- folglich: Anzahl Teile pro Baustein-Modul,
- VK- und EK-Preislage pro Artikel,
- folglich: Umsatz und Rohertrag pro Baustein-Modul.

Die Idee des Rahmen-Lots liegt in der Definition eines auf die jeweilige Zielgruppe abgestimmten Kollektionsgerüsts, welches über einen gewissen Zeitraum (6–12 Monate) konstant bleibt und somit einen fokussierten und einheitlichen Marktauftritt sicherstellt. Das Rahmen-Lot fungiert einerseits als verbindlicher Kollektionsrahmenplan für das Design und den Einkauf. Andererseits bildet das Rahmen-Lot die Basis für die Filialbelegungsplanung. (Abb. 18)

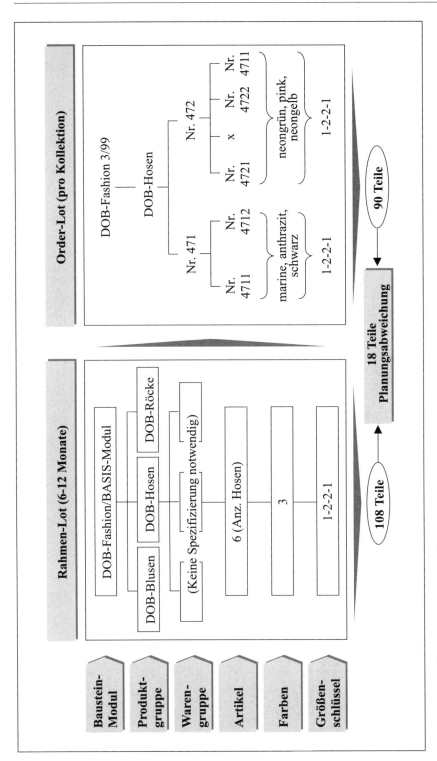

Abb. 17: Lot-Planungssystematik

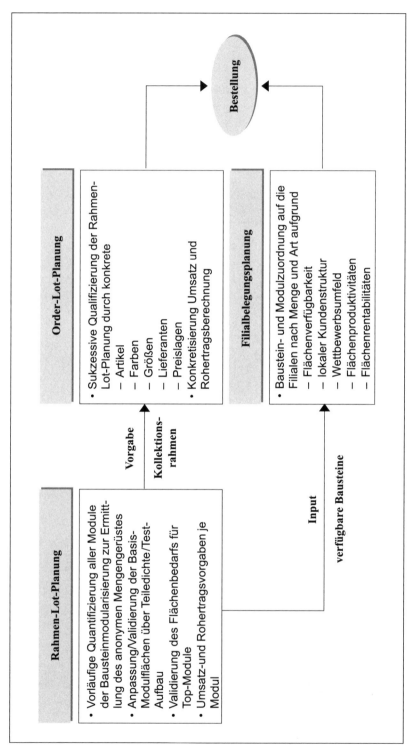

Abb. 18: Entwicklung Filialbelegungsplan

Mit Hilfe des Rahmen-Lots wird die Anzahl der Teile je Modul „anonym" vorgeplant. Die so definierten Platzhalter des Rahmen-Lots werden dann für jede Kollektion mit konkreten Kollektionsartikeln hinterlegt (Order-Lot-Entwicklung, s. unten).

Nach der Definition der Rahmen-Lots ist entscheidend, dass eine Validierung der Modulflächen über die Teiledichte (Anzahl Teile/qm) erfolgt. Die Validierung sollte durch den Test-Aufbau eines Musterbausteins ergänzt werden. Treten bei der Validierung des Flächenbedarfs oder beim Test-Aufbau Inplausibilitäten bzw. Raumprobleme auf, müssen diese entweder durch die Reduzierung der Teile im Rahmen-Lot oder durch eine Umschichtung der Flächenzuweisung zwischen den einzelnen Baustein-Modulen (Konzeptanpassung!) behoben werden.

Erfahrungsgemäß sollte mindestens eine jährliche Anpassung der Rahmen-Lots stattfinden. Insbesondere für die DOB, aber in Teilen auch für die HAKA und KIKO sollte eine Anpassung halbjährlich erfolgen, da sich Flächenbedarf und Sortimentszusammensetzung zwischen Sommer- und Winterkollektionen teilweise erheblich unterscheiden.

Auf der Basis der definierten Rahmen-Lots setzt nun die rollierende Entwicklung von Kollektionen mit dem sog. Trend-Scouting in den Modezentren der Welt ein. Die individuell gesammelten Eindrücke werden in einem Trend-Meeting zu zielgruppenrelevanten Kollektionstrends zusammengefasst. Nun gilt es, die „anonymen" Rahmen-Lots mit konkreten Kollektionsartikeln zu „füllen". Dabei werden naturgemäß nicht alle Artikel neu entwickelt, sondern ein gewisser Anteil als Durchläufer in die nächste Kollektion hinübergenommen: Je kürzer der Kollektionsrhythmus ist, desto kürzer sind auch die Artikeldurchlaufzeiten und desto höher ist daher der Durchlaufanteil von einer Kollektion zur nächsten. Auf diese Weise entsteht für jedes Rahmen-Lot ein Order-Lot, in dem jeder Artikel mit konkreter Artikelnummer, Lieferant, EK- und VK-Preis etc. hinterlegt ist.

Im Kollektionsmeeting werden schließlich alle Order-Lots im Hinblick auf Zielgruppenrelevanz, modische Aktualität, aktuelle Abverkaufserfahrung, Höhe der Lagerbestände und natürlich Einhaltung der Vorgaben des Rahmen-Lots gemeinsam mit dem Vertrieb überprüft und verabschiedet.

3.2 Filialbelegungsplanung

In der Praxis lassen sich grundsätzlich zwei Extremformen der Sortimentsgestaltung unterscheiden:

- Zentrale Vorgabe eines Standardsortimentes für alle Filialen (evtl. für eine bestimmte Filial-Kategorie) ohne Einflussmöglichkeit der Filiale oder des Filialbereichsleiters.
- Weitgehende Autonomie der Filiale bei der Sortimentsgestaltung
  - innerhalb des zentral verfügbaren Sortimentes;
  - auch hinsichtlich Eigenbezug von nicht zentral verfügbaren Sortimenten/Lieferanten.

Während der zentralistische Ansatz durch interne Kosteneffizienz besticht, so ermöglicht der Autonomie-Ansatz eine größtmögliche Berücksichtigung der standortspezifischen Sortimentsanforderungen. Es liegt auf der Hand, dass der Vorteil des einen Ansatzes gleichzeitig den Nachteil des anderen Ansatzes kennzeichnet.

Die Filialbelegungsplanung geht einen Mittelweg und stellt für die meisten Unternehmen einen grundsätzlich neuen Kernprozess dar. Ziel der Filialbelegungsplanung ist es, für jede Filiale ein Set von Baustein-Modulen nach dem Setzkastenprinzip auszuwählen, so dass das resultierende Gesamtsortiment möglichst weitgehend – nicht aber zwingend maximal (!) – den standortspezifischen Anforderungen (Kundentyp, Wettbewerb, Lage) entspricht.

Die Filialbelegungsplanung wird in der Regel zweimal pro Jahr erstellt, d. h. jeweils für die Frühjahr/Sommer- und die Herbst/Winter-Saison. Die Durchführung läuft in fünf Schritten ab:

1. Erhebung/Überprüfung der Filialflächen;
2. Aufbau eines EDV-gestützten Tools zur Filialbelegungsplanung (Einmalaktivität);
3. individuelle Belegungsplanung der Filialen;
4. Abstimmung der Filialbelegungsplanung mit Jahresbudget und strategischen Zielen;
5. Verabschiedung durch Vorstand/Geschäftsleitung.

Unsere Erfahrung in zahlreichen Projekten hat gezeigt, dass es zur erfolgreichen Durchführung der Filialbelegungsplanung unbedingt notwendig ist, zunächst die Verkaufsflächen (neu) zu vermessen. Die üblicherweise vorliegenden Flächendaten sind nämlich in der Regel mit folgenden Mängeln behaftet:

- Keine einheitliche Vermessungsmethodik, sondern meistens auf Bauplänen mit unterschiedlichen Messstandards basierend;
- Daten z. T. nicht mehr auf letztem Stand (Umbau, Shop-in-Shop, Untervermietung);
- meistens repräsentieren die verfügbaren Flächen die sog. Brutto-Verkaufsfläche – d. h. inkl. Nebenflächen – und nicht die für die Filialbelegungsplanung relevante Netto-Verkaufsfläche;
- die Aufteilung der Netto-Verkaufsfläche nach Sortimenten ist nicht oder nicht aktuell verfügbar.

Für eine zielführende Filialbelegungsplanung ist es daher notwendig, einen eindeutigen Vermessungsstandard festzulegen und alle Filialen durch ein reisendes Vermessungsteam einheitlich zu erfassen. Dabei sind folgende Flächen zu ermitteln:

- Brutto-Verkaufsfläche,
- Nebenflächen,
- verfügbare Lagerfläche,
- Netto-Verkaufsfläche,
- Aufteilung der Netto-Verkaufsfläche nach Sortimenten.

Die saubere Erhebung dieser Flächendaten ist zwar mit relativ hohem Einmalaufwand verbunden, ermöglicht jedoch – neben einer effektiven Filialbelegungsplanung – meistens neue Einblicke in die Performance einzelner Sortimente auf Filial- und Unternehmensebene. So erhält die Geschäftsführung beispielsweise Informationen über Umsatz/qm und Rohertrag/qm für einzelne Sortimente und kann rentabilitätssteigernde Flächenumschichtungen zwischen Sortimenten und Filialen initiieren.

Für die erstmalige Durchführung einer Filialbelegungsplanung ist es erforderlich, ein entsprechendes EDV-gestütztes Tool zu entwickeln. Unter der Voraussetzung, dass eine durchgängig funktionierende Warenwirtschaft als relationale Datenbank (z.B. Oracle) existiert, hält sich der Programmieraufwand hierfür in vertretbaren Grenzen und kann häufig vom Controlling realisiert werden.

Das Tool besteht aus einer Eingabemaske, in der von oben nach unten alle Bausteine aufgelistet und von links nach rechts zunächst die verfügbaren Module eingetragen sind. Die erforderliche Netto-Verkaufsfläche sowie der zu erzielende Umsatz und

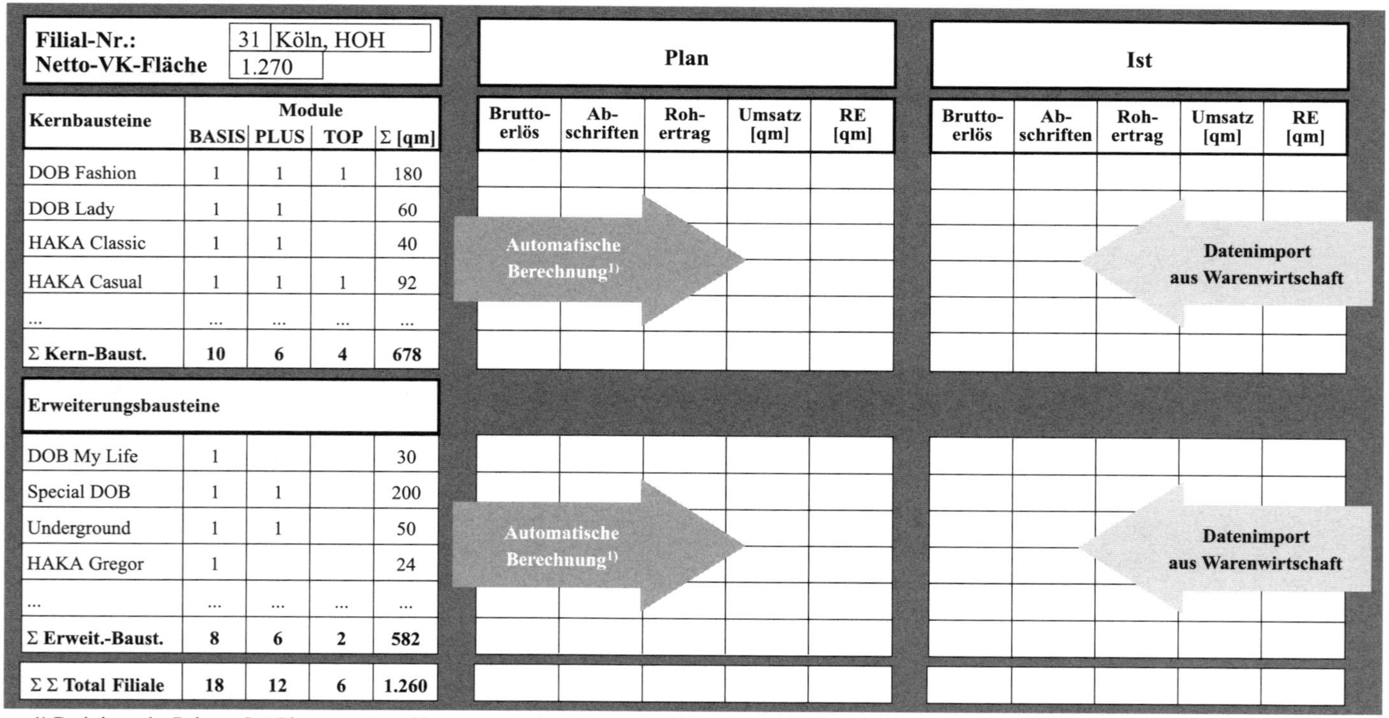

Filial-Nr.: 31 Köln, HOH
Netto-VK-Fläche 1.270

Kernbausteine	Module				Plan					Ist				
	BASIS	PLUS	TOP	Σ [qm]	Brutto-erlös	Ab-schriften	Roh-ertrag	Umsatz [qm]	RE [qm]	Brutto-erlös	Ab-schriften	Roh-ertrag	Umsatz [qm]	RE [qm]
DOB Fashion	1	1	1	180										
DOB Lady	1	1		60										
HAKA Classic	1	1		40										
HAKA Casual	1	1	1	92										
...	...	...	...	...										
Σ Kern-Baust.	10	6	4	678										

Erweiterungsbausteine

Erweiterungsbausteine	BASIS	PLUS	TOP	Σ [qm]	Brutto-erlös	Ab-schriften	Roh-ertrag	Umsatz [qm]	RE [qm]	Brutto-erlös	Ab-schriften	Roh-ertrag	Umsatz [qm]	RE [qm]
DOB My Life	1			30										
Special DOB	1	1		200										
Underground	1	1		50										
HAKA Gregor	1			24										
...	...	...	...	...										
Σ Erweit.-Baust.	8	6	2	582										
ΣΣ Total Filiale	18	12	6	1.260										

Automatische Berechnung¹)

Datenimport aus Warenwirtschaft

1) Basisdaten der Rahmen-Lot-Planung müssen hierzu an zentraler Stelle im Tool hinterlegt werden

Abb. 19: Eingabemaske Filialbelegungsplanung

Rohertrag pro Baustein-Modul wird zusammen mit den Flächendaten der Filialen zentral im Tool hinterlegt. Darüber hinaus muss eine Verbindung zum Warenwirtschaftssystem programmiert werden, damit die aktuellen Filialdaten (Umsatz/Rohertrag pro Baustein) zum jeweiligen Planungszeitpunkt automatisch in der Eingabemaske des Tools erscheinen. (Abb. 19)

Die Filialbelegungsplanung der einzelnen Filialen wird vom Vertriebsleiter gesteuert und in Zusammenarbeit mit dem jeweiligen Filialbereichsleiter sowie dem Controlling-Leiter durchgeführt. Hierzu ist es sinnvoll, wenn der Filialbereichsleiter vorher mit seinen Filialleitern die standortspezifischen Anforderungen und die entsprechende Sortimentsausrichtung abstimmt. Ferner sollte sich der Filialbereichsleiter die Grundrisspläne seiner Filialen im Vorfeld besorgen.

Die Durchführung der Belegungsplanung jeder Filiale beginnt mit der Kurzvorstellung der Filialspezifika durch den Filialbereichsleiter. Anschließend wird auf Basis des Vorgespräches mit dem Filialleiter ein Flächenkonzept auf dem Grundrissplan skizziert. Dieses Flächenkonzept wird nun konkretisiert und quantifiziert mit Hilfe des Tools zur Filialbelegungsplanung (Abb. 19): Zunächst wird die Nummer der zu planenden Filiale oben links eingegeben. Daraufhin erscheinen alle aktuellen Flächen- und Sortimentsdaten dieser Filiale. Jetzt können solange Baustein-Module in den entsprechenden Eingabefeldern gelistet werden, bis die Netto-Verkaufsfläche der Filiale erschöpft ist. Das Tool berechnet automatisch den gemäß Filialbelegungsplan zu erzielenden Filialumsatz pro Sortiment und Planungszeitraum. Diese Zahlen gilt es absolut und pro Quadratmeter Netto-Verkaufsfläche mit der Ist-Performance und dem Controlling-Budget abzugleichen. In der Regel führt dieser Abgleich zu einem Adjustierungsprozess in der Filialbelegung, bei dem Baustein-Module solange ausgetauscht werden, bis das Gesamtbild stimmig ist und von allen Beteiligten gutgeheißen wird.

Erfahrungsgemäß wird es bei der Durchführung der Belegungsplanung immer wieder Filialen geben, deren standortspezifischen Sortimentsanforderungen nicht vollständig entsprochen werden kann. In diesem Zusammenhang müssen folgende Punkte unbedingt beachtet werden:

- Kann die Filiale voraussichtlich mit dem suboptimalen Sortiment das geforderte Mindestfilialergebnis erwirtschaften?
- Falls ja, dann sollte der Kompromiss eingegangen werden – keinesfalls dürfen in dieser Situation Manipulationen am bestehenden Baustein-Konzept vorgenommen werden, da dieses sonst in der Komplexität (Anzahl Baustein-Modul-Kombinationen) extrem ausufert.

- Falls nein, dann muss diese Filiale zwingend in die Überlegungen einer Sonderlösung (Spezialisierung bzw. Fremdvergabe von Teilflächen) oder vollständigen Aufgabe einbezogen werden (s. Kap. 2).
- Tritt der Fall auf, dass ein identisches Problem (z. B. DOB-Baustein zu umsatzmächtig) bei einer Vielzahl von Filialen auftritt, dann besteht in diesem Punkt vermutlich Anpassungsbedarf am Rahmen-Lot (z. B. Verkleinerung Basis-Modul).

Wenn die Belegungsplanung für alle Filialen abgeschlossen ist, generiert das Tool automatisch die Summe der zu beschaffenden Baustein-Module über das gesamte Filialportfolio (Filial-Lot-Matrix, FLM). Die Filial-Lot-Matrix repräsentiert folglich die im Planungszeitraum insgesamt zu erzielenden Umsätze, Roherträge, Flächenproduktivitäten und -rentabilitäten. Jetzt muss der Leiter des Controllings gemeinsam mit dem Vertriebsleiter auf der Gesamtunternehmensebene einen Plausibilitätscheck durchführen im Hinblick auf die Vereinbarkeit der Filialbelegungsplanung mit den aktuellen Lagerbeständen, dem Jahresbudget des Controllings und den strategischen Zielen der Geschäftsleitung.

Der o. g. Plausibilitätscheck kann dazu führen, dass das Ergebnis der Filialbelegungsplanung signifikant vom Jahresbudget oder von den strategischen Zielen der Geschäftsleitung abweicht. Da die Einbindung des Controlling-Leiters in die Filialbelegungsplanung normalerweise ein realistisches Ambitionsniveau derselben sicherstellt, bedeutet das Auseinanderklaffen von Bottom-up- und Top-down-Planung in der Regel, dass die strategischen Ziele der Geschäftsleitung und das darauf basierende Jahresbudget nicht mit dem existierenden Filialportfolio realisiert werden können. In solchen Fällen besteht dringend strategischer Handlungsbedarf jenseits des Sortimentsbausteinkonzeptes!

3.3 Beschaffung

Nachdem das Order-Lot im Kollektionsmeeting verabschiedet worden ist (s. Kap. 3.1), werden die Order-Lot-Artikel mit Hilfe eines Artikelstammblatts in der Warenwirtschaft angelegt. Das Artikelstammblatt vergibt eine Artikelnummer und erfasst alle artikelrelevanten Informationen wie Lieferant, EK-/VK-Preis, Farb-/Größenschlüssel, Liefertermin etc.

Durch die Zusammenführung der Daten von Filialbelegungsplanung und Artikelstammblatt in der Warenwirtschaft kann das System jetzt genau ermitteln, welche

Artikel in welchen Mengen farb-/größengenau benötigt werden. Das System generiert unter Berücksichtigung von zu erwartenden Anfangslagerbeständen aus Altkollektionen (Durchläufer) und erfahrungsgemäß zu kalkulierenden Unter-/Fehllieferungsmengen automatisch einen Bestellvorschlag, der vom Einkauf nur noch kontrolliert, ggf. angepasst (z. B. Einhaltung Mindestmengen, Realisierung Mengenrabatt) und schließlich freigegeben werden muss.

Ein wesentlicher Vorteil dieses Systems wird jetzt deutlich: Der Zeit- und Personalaufwand für die manuelle Eingabe von Bestellungen sowie die damit praktisch unvermeidlich verbundenen Eingabefehler entfallen.

3.4 Ordercontrolling

Zwischen der Freigabe der Bestellung und der entsprechenden Produktionsfreigabe der einzelnen Artikel können bis zu zwei Monaten liegen, in denen der Lieferant ein Serienmuster – z. T. in mehreren Korrekturschleifen – anfertigen muss (Sampling-Phase). Nach der Produktionsfreigabe verstreichen bis zum Wareneingang im Zentrallager – je nach Lieferant – weitere zwei bis drei Monate (Produktions- und Transportphase).

In dieser Gesamtphase von vier bis fünf Monaten können einerseits Probleme beim Lieferanten mit der Einhaltung des ursprünglich zugesagten Liefertermins entstehen. Daher ist ein flächendeckendes, EDV-gestütztes Frühwarnsystem zur Orderüberwachung unabdingbar. Die Orderüberwachung ist unabhängig von der gewählten Sortimentskonzeption erforderlich und insofern auch bei den meisten Unternehmen in mehr oder weniger ausgereifter Form implementiert. Es wird daher in diesem Zusammenhang auf die nähere Erläuterung verzichtet.

Andererseits können zwischen Bestellfreigabe und Wareneingang z. T. erhebliche Veränderungen im Unternehmen oder seinem Umfeld auftreten, die nicht konsistent sind mit den definierten Order-Lots oder der durchgeführten Filialbelegungsplanung:

- kurzfristige Veränderung bestimmter Modetrends;
- Abverkaufseinbruch einzelner (Durchlauf-)Artikel;
- abfallende/ansteigende Umsatzentwicklung einzelner Filialen in bestimmten Bausteinen;
- abfallende/ansteigende Umsatzentwicklung von einzelnen Bausteinen auf Ebene des Filialportfolios;

- Verschiebung von Neueröffnungen, kurzfristige Schließung/Abgabe von Filialen.

Für den Umsetzungserfolg des Sortimentsbausteinkonzeptes ist es daher von entscheidender Bedeutung, dass alle Instrumente der Ordersteuerung während der Sampling- und Produktionsphase konsequent genutzt werden.

In der Sampling-Phase, d.h. bis zur Produktionsfreigabe, stehen grundsätzlich folgende Instrumente zur Ordersteuerung zur Verfügung:

- Anpassung des Order-Lots;
- Anpassung der Filialbelegungsplanung;
- Top-down-Anpassung der Bestellmenge.

Die Anpassung des Order-Lots kann beispielsweise in folgenden Fällen erforderlich werden:

- Der Lieferant ist nicht in der Lage, ein den Anforderungen entsprechendes Serienmuster zu fertigen. Mögliche Konsequenzen: Lieferantenwechsel, Artikel-Modifikation, Artikelstreichung.
- Kurzfristiger Trendwechsel. Mögliche Konsequenzen: Farbe wechseln, Artikel durch neuen Trendartikel ersetzen, Artikel streichen.
- Stock-out-Positionen in bestimmten Größengängen. Mögliche Konsequenzen: Kurzfristige Nachdispositionsmöglichkeit prüfen, Anpassung Größenschlüssel im Artikelstammblatt.

Die Anpassung der Filialbelegungsplanung sollte in einem monatlich rollierenden Rhythmus durch den Vertriebsleiter in Abstimmung mit dem jeweiligen Filialbereichsleiter auf Basis des aktuellen Abverkaufserfolgs der Filialen erfolgen. Dabei müssen auch geplante Neueröffnungen, Umbauphasen und Schließungen unbedingt berücksichtigt werden.

Die Anpassung der Bestellmenge top-down ist angezeigt, wenn sich die unternehmensweiten Lagerbestände einzelner Artikel außerhalb der definierten Bandbreiten bewegen. So muss z.B. bei unerwarteten Überbeständen einzelner Artikel die aus der Filialbelegungsplanung ursprünglich abgeleitete Bestellmenge entsprechend top-down reduziert werden.

Alle drei Steuerungsoptionen resultieren in einer bedarfsgenaueren Beschaffung und somit in geringeren Lagerbeständen durch die Modifizierung der ursprünglich freigegebenen Bestellung.

In der Produktionsphase sind die o. g. Steuerungsoptionen für die betrachtete Kollektion nur noch teilweise gegeben:

- Modifikationen am Order-Lot sind in der Regel nicht mehr möglich;
- moderate Anpassung oder Umschichtung von Bestellmengen können meistens noch vorgenommen werden.

Die bisher gesammelten Abverkaufserfahrungen der Filialen mit den Sortimentsbausteinen müssen jedoch unbedingt in die Order-Lot-Planung und Filialbelegungsplanung der nachfolgenden Baustein-Kollektionen einfließen.

3.5 Zuteilung

Die Zuteilung beschreibt den Kernprozess von der Anlieferung der Ware im Zentrallager bis zur Auslieferung an die Filialen. Ziel der Zuteilung ist es, zu jedem Zeitpunkt die Filialen mit der im Zentrallager verfügbaren Ware aus Gesamtunternehmensperspektive optimal zu versorgen. Da die Zuteilung an sich keinen grundsätzlich neuen Kernprozess darstellt, soll im Folgenden nur auf die bei der Umsetzung eines Sortimentsbausteinkonzeptes erfolgskritischen Punkte eingegangen werden.

Der Zuteilungsprozess im Rahmen eines Sortimentsbausteinkonzepts wird wesentlich vereinfacht, da durch die Filialbelegungsplanung eine eindeutige Soll-Zuteilungsvorschrift im Voraus gegeben ist.

Nun treten in der Praxis aber bestimmte Unwägbarkeiten auf, die dazu führen, dass die Soll-Zuteilungsvorschrift (Filialbelegungsplanung) allein für eine zeitnahe Filialversorgung nicht hinreichend ist:

- Die Artikel eines Bausteins werden in der Regel nicht alle zeitgleich angeliefert.
- Die insgesamt bestellte Menge eines Artikels wird z. T. in mehreren Chargen geliefert.
- Die für die Zuteilung verfügbare Menge eines Artikels weicht häufig von der ursprünglich bestellten Menge ab:
  - Liefermenge weicht von Bestellmenge ab (Unter-/Überlieferung);
  - ein Teil der Liefermenge ist fehlerhaft (Fehllieferung).

Zur Überwindung dieser Unwägbarkeiten muss die Soll-Zuteilungsvorschrift mit Hilfe eines sog. Zuteilungsalgorithmus in eine Ist-Zuteilungsvorschrift überführt werden. Der Zuteilungsalgorithmus wird in der Warenwirtschaft programmiert und definiert:

- die Reihenfolge, in der die eingehenden Artikelmengen auf die einzelnen Filialen zugeteilt werden sollen (Prioritätensetzung);
- die Verteilung der Differenzmengen aufgrund Unter-/Über- und Fehllieferung (Differenzmengen-Zuteilung).

Es liegt auf der Hand, dass die Beschaffung langfristig die Anlieferung von vorkommissionierten Baustein-Sortimenten bzw. Komplett-Bausteinen (z. B. Fremdmarkenprogramme) anstreben muss, um den eigenen Lager- und Kommissionieraufwand sowie die Durchlaufzeiten zu reduzieren. Erfahrungsgemäß muss zur Erreichung dieses Zieles ein eigenes Projekt definiert werden, dessen Durchführung – je nach Bausteinstruktur und Lieferantensituation – zwischen 12 und 24 Monaten beanspruchen kann.

Da die Umsetzung des Sortimentsbausteinkonzepts in den meisten Fällen keinen derartigen Zeitaufschub erlaubt, muss die Zuteilung kurzfristig für jeden Artikel – basierend auf der Filialbelegungsplanung – einzeln durchgeführt werden.

Die Prioritätensetzung hängt natürlich letztlich von den strategischen Unternehmenszielen und der Struktur des Filialportfolios ab. Für viele Unternehmen könnte sich aber folgender Zuteilungsalgorithmus anbieten:

- Zunächst werden alle entsprechenden Filialen mit der Menge des ersten Basis-Moduls, dann mit der Menge des ersten Top-Moduls und danach mit der Menge des ersten Plus-Moduls beliefert. Erst wenn alle entsprechenden Filialen die Soll-Menge für das jeweils erste Modul erhalten haben, werden die als zweites Modul zugelisteten Module wieder beginnend mit Basis-, dann Top- und danach Plus-Modul bedient etc.
- Die Reihenfolge der Filialen bei der Zuteilung wird durch die aktuelle Umsatzentwicklung und Bestandssituation des betrachteten Artikels in den einzelnen Filialen bestimmt.

Die Zuteilung der Differenzmengen pro Artikel sollte sich an der aktuellen Lagerdrehzahl (z. B. letzte zwei Wochen) orientieren:

- Übermengen werden in absteigender Reihenfolge auf die artikelspezifisch am schnellsten drehenden Filialen verteilt – oder dem Lieferanten retourniert.

- Unter-/Fehlmengen werden in aufsteigender Reihenfolge auf die artikelspezifisch am langsamsten drehenden Filialen verteilt.
- Filialen mit einem Eröffnungszeitraum von weniger als drei Monaten (Neueröffnungen) sollten von diesem Algorithmus ausgenommen und bevorzugt bedient werden.

Diese Ausführungen machen deutlich, dass der Erfolg eines Sortimentsbausteinkonzepts durch ein ausgefeiltes Zuteilungssystem maßgeblich unterstützt wird. Die Ausarbeitung dieses Kernprozesses muss naturgemäß in einem sehr hohen Detaillierungsgrad und unter Einbindung von Vertrieb, Beschaffung, Merchandising, Logistik, Controlling und EDV erfolgen.

3.6 Abverkauf

Mit dem Abverkauf der Baustein-Artikel in den Filialen schließt sich der Prozesskreislauf. In dieser Phase ist es besonders wichtig, zeitnah Rückschlüsse über Optimierungsmöglichkeiten in der Konzeptumsetzung und über den Finetuning-Bedarf des Sortimentsbausteinkonzepts zu generieren. Notwendige Voraussetzung hierfür ist die farb-/größengenaue Artikelerfassung auf Filialebene.

Die filialbezogene Auswertung des Abverkaufserfolgs einzelner Bausteine wird – insbesondere bei Konzepteinführung – einzelne Problemfilialen offenbaren, die sich entweder mit dem Verkauf bestimmter Baustein-Module schwer tun (mangelhafte Lagerdrehung) oder die bereits nach kurzer Zeit nicht mehr vollständig sortiert sind (Stock-out-Positionen). In beiden Fällen muss sofort die Filialbelegungsplanung angepasst werden.

Es kann bei Konzepteinführung allerdings auch passieren, dass eine ganze Gruppe von Filialen mit einem bestimmten Baustein-Modul Probleme in der Lagerdrehung oder hinsichtlich Stock-out-Positionen hat. In diesem Fall würde die (alleinige) Anpassung der Filialbelegungsplanung nicht zum Erfolg führen, da es sich offensichtlich um ein systematisches Problem im Kollektionsaufbau handelt. Folglich muss die Struktur des Rahmen-Lots überprüft und ggf. angepasst werden. Ein solcher Fall liegt auch vor, wenn sich herausstellt, dass das Basis-Modul des betrachteten Bausteins für eine kritische Anzahl von Filialen zu groß ist und damit im vorgegebenen Kollektionsrhythmus nicht regulär abverkauft werden kann.

Last but not least kann es vorkommen, dass ein bestimmter Baustein in der Mehrzahl der Filialen nicht läuft. In diesem Fall liegt die Ursache fast immer – eine ordnungsgemäße Konzeptentwicklung vorausgesetzt – in der inhaltlichen Ausgestaltung des Order-Lots und damit in der Kollektion selbst begründet. In diesem Zusammenhang sollten unbedingt zwei Aspekte auseinandergehalten werden:

- Hat die Kollektion für unsere Zielgruppe wichtige Modetrends unzureichend berücksichtigt?
- Bestehen Probleme im zielgruppengerechten Farb-/Größenschlüssel, die bei wichtigen Artikeln zu kaufentscheidenden Stock-outs und damit zu einer wenig ansprechenden Warenpräsentation führen?

Unsere Erfahrung in zahlreichen Projekten hat gezeigt, dass sich die meisten Unternehmen einseitig auf den ersteren Kreativaspekt konzentrieren. Dies liegt häufig auch an unzureichenden Informationen über erfolgskritische Stock-outs in den Filialen, da nicht bekannt ist, welche unbefriedigte Nachfrage und damit welcher Umsatzverlust sich hinter nicht mehr vorrätigen Farben oder Größen verbirgt. Detaillierte Stock-out-Analysen in einigen unserer Projekte haben jedoch verschenkte Umsatzpotenziale zwischen 15 % und 40 % vom tatsächlich realisierten Artikelumsatz offenbart.

Während der Abverkaufsphase zeigt sich natürlich auch, inwieweit das entwickelte Sortimentsbausteinkonzept noch des Finetunings bedarf. Dabei können grundsätzlich Anpassungen in der Baustein- oder der Modulstruktur sinnvoll sein. So könnte z. B. festgestellt werden, dass der topmodische DOB-Baustein für viele Filialen im Basis-Modul nicht in Frage kommt, wohl aber gewisse Teilsegmente hochinteressant wären. In diesem Fall wäre ein Baustein-Splitting überlegenswert.

Andererseits sollten auch Straffungsoptionen geprüft werden. In der Einführungsphase wird man vereinzelt Baustein-Modul-Kombinationen finden, die eine relativ geringe Nachfrage seitens der Filialen (Filialbelegungsplanung) aufweisen. In diesem Fall sollte geprüft werden, ob z. B. auf das Top-Modul des Kids-Bausteins verzichtet werden kann.

Modifikationen am Sortimentsbausteinkonzept sollten aber nur dann vorgenommen werden, wenn sie marktseitig erforderlich sind und nicht zu einer wesentlichen Komplexitätserhöhung des Bausteinsystems führen: So hat z. B. die unkontrollierte Kreation neuer Bausteine und die Einführung eines zusätzlichen Modultyps in einem Praxisfall zu einer Erhöhung der Baustein-Modul-Kombinationen von ursprünglich 40 auf über 100 geführt! Um solche gefährlichen Entwicklungen zu vermeiden, dürfen

Anpassungen des Sortimentsbausteinkonzeptes nur mit ausdrücklicher Genehmigung der Geschäftsleitung erfolgen.

4 Fazit

Die Unternehmen des Bekleidungshandels sind heute einem immer differenzierteren und schnelleren Konsum an den einzelnen Standorten ausgesetzt (hybrider Konsument). Vor dem Hintergrund eines historisch gewachsenen Filialportfolios verfügen viele Unternehmen heute zudem über heterogene Standort-, Lage- und Flächentypen innerhalb ihres Filialportfolios.

Zur Optimierung der beiden konkurrierenden Zielsetzungen von maximaler Marktnähe des Sortimentes einerseits und größtmöglicher Zeit- und Kosteneffizienz andererseits haben *Roland Berger & Partner* eine detaillierte Systematik zur strategischen Entwicklung und operativen Umsetzung eines Sortimentsbausteinkonzeptes entwickelt und in zahlreichen Projekten erprobt.

Die Vorteile dieser Art der Sortimentsgestaltung und -steuerung liegen strategisch in der zwingenden Fokussierung auf die definierte Zielgruppe durch einen im Kernsortiment einheitlichen, aber standortspezifisch trotzdem differenzierten Marktauftritt im Erweiterungssortiment. Die operativen Vorteile liegen in einer deutlichen Verkürzung der Durchlaufzeiten, einer reduzierten Lagerhaltung und einem geringeren Verwaltungs- und Logistikaufwand.

Alles hat jedoch seinen Preis: Die Umsetzung erfordert ein straffes und effektives Projektmanagement, penible Detailarbeit bei der Definition der Soll-Prozesse und bei der Erweiterung/Anpassung der EDV-Systeme sowie die Aufrechterhaltung einer strikten Umsetzungsdisziplin während der gesamten Projektdauer.

2.3

Übergreifende Erfolgsstrategien für Handel und Hersteller

Stefan Thielmann/Sebastian Röhrich*

Kapitel 2.3.1

IT-Strategien in der Bekleidungsbranche

Inhalt

* Stefan Thielmann ist Berater im Geschäftsbereich Konsumgüter bei Roland Berger & Partner International Management Consultants. Seine Arbeitsschwerpunkte im Bereich Bekleidung und Sport liegen in der Entwicklung von Wachstums- und EDV-Strategien sowie in der Analyse der logistischen Kette.

* Sebastian Röhrich ist Berater im Geschäftsbereich InfoCom bei Roland Berger & Partner International Management Consultants. Seine Arbeitsgebiete liegen im Bereich E-Commerce und der Einführung von Standard-Anwendungssoftware mit Fokus auf Handel und Bekleidungsindustrie.

Die Fortschritte in der modernen Informations- und Kommunikationstechnologie haben sich in den letzten Jahren zunehmend beschleunigt und dabei das Geschäftsleben grundlegend verändert. Besonders die Entwicklung des E-Commerce hat der Geschäftswelt vielfältige Möglichkeiten eröffnet. Allerdings hat die Bekleidungsbranche diese Möglichkeiten im Vergleich zu anderen Wirtschaftszweigen eher stiefmütterlich behandelt. Die EDV-Systeme vieler Unternehmen können die gewachsenen Anforderungen der letzten Jahre kaum mehr erfüllen. Geschwindigkeit und Flexibilität werden zu entscheidenden Erfolgsfaktoren. Deshalb beschäftigen sich derzeit fast alle Unternehmen der Bekleidungsbranche mit dem Übergang zu einer neuen IT-Lösung.

Die Bedenken hinsichtlich der Sicherheit und der Komplexität von E-Commerce werden sich zunehmend zerstreuen. Vielmehr kommen die Vorteile einer durch das Internet möglich werdenden Individualisierung (One-to-one-Marketing) verstärkt zum Tragen. Individuelle Preise und Sortimente entwickeln sich, und sogar das System der fixen Preise könnte fallen. Hersteller und Händler sind nicht mehr an Öffnungszeiten und geographische Entfernungen gebunden. E-Commerce wird den Aktionsrahmen für die Bekleidungs- und Textilbranche sowohl im Business-to-Business- als auch im Business-to-Consumer-Bereich zukunftsweisend verändern. Die Logistik wird dabei zum entscheidenden Erfolgsfaktor, denn nur wer in der Lage ist, den Geschwindigkeitsvorteil der elektronischen Bestellung über optimierte interne Prozesse und den schnellen Transport zum Kunden weiterzugeben, wird erfolgreich sein. Eine EDV-gestützte Automatisierung der gesamten Wertschöpfungskette muss hier angestrebt werden. Das Problem der z. T. noch fehlenden Infrastruktur und der hohen Kosten wird in naher Zukunft gelöst.

1 Der Einzug der modernen Informations-technologie in die Bekleidungsbranche

Der Bekleidungsmarkt befindet sich derzeit in einem starken Wandlungsprozess. Die Faktoren Geschwindigkeit und Flexibilität gewinnen vor allem für Bekleidungshersteller enorm an Bedeutung. Das sich verändernde Umfeld erzwingt eine Änderung der Abläufe in den Unternehmen und damit auch eine Anpassung der EDV-Systeme. Die Fähigkeit eines Unternehmens, sein Geschäft optimal mit den zur Verfügung stehenden Informationstechnologien im Hardware- und Softwarebereich zu unterstützen, wird zur grundlegenden Voraussetzung, um Wettbewerbsvorteile zu erzielen. Der Einsatz von Informationstechnologie entwickelt sich zu **dem** strategischen Erfolgsfaktor – auch in der Bekleidungsbranche. Gerade im schnelllebigen Fashion-Geschäft mit seinem sich stetig wandelnden Umfeld müssen Änderungen in den Abläufen unmittelbar in der EDV umgesetzt werden.

Leider zeigt die Realität derzeit ein anderes Bild, denn gerade in der Bekleidungsindustrie werden größtenteils Eigenentwicklungen oder stark modifizierte Standardsoftware eingesetzt. Dies hat zur Folge, dass bei der Unterstützung der Prozesse durch die EDV eine Reihe von Defiziten auftreten: Vielfach läuft der Modellentwicklungsprozess vollständig außerhalb des Großrechner-Systems ab, so dass von einer integrierten Entwicklung unter Berücksichtigung aller markt- und kundenrelevanten Informationen nicht gesprochen werden kann. Ebenso wenig sind moderne Client-Server-Konstruktionen gebräuchlich, die eine enorme Vereinfachung und damit auch Kostenreduktion hervorrufen könnten. (Abb. 1)

Auch der Bedarf nach neuen Auswertungen verlangt eine hohe Flexibilität des EDV-Systems. Die existierenden, meist selbst entwickelten Host-Systeme und die z. T. stark modifizierte Standardsoftware sind dafür nicht geeignet. Auch bei der Anbindung anderer Systeme kann es zu erheblichen Schwierigkeiten kommen. Ein typisches Problem sind z. B. Abweichungen in der Bestandsführung aufgrund einer mangelnden Verbindung zum Finanzsystem.

Die gewachsenen EDV-Strukturen entsprechen also nicht mehr den veränderten Prozessanforderungen im Bekleidungsmarkt. Die Unternehmen der Bekleidungsbranche müssen neue, leistungsfähigere EDV-Systeme implementieren, um das Potenzial der modernen Informationstechnologie für sich nutzbar zu machen.

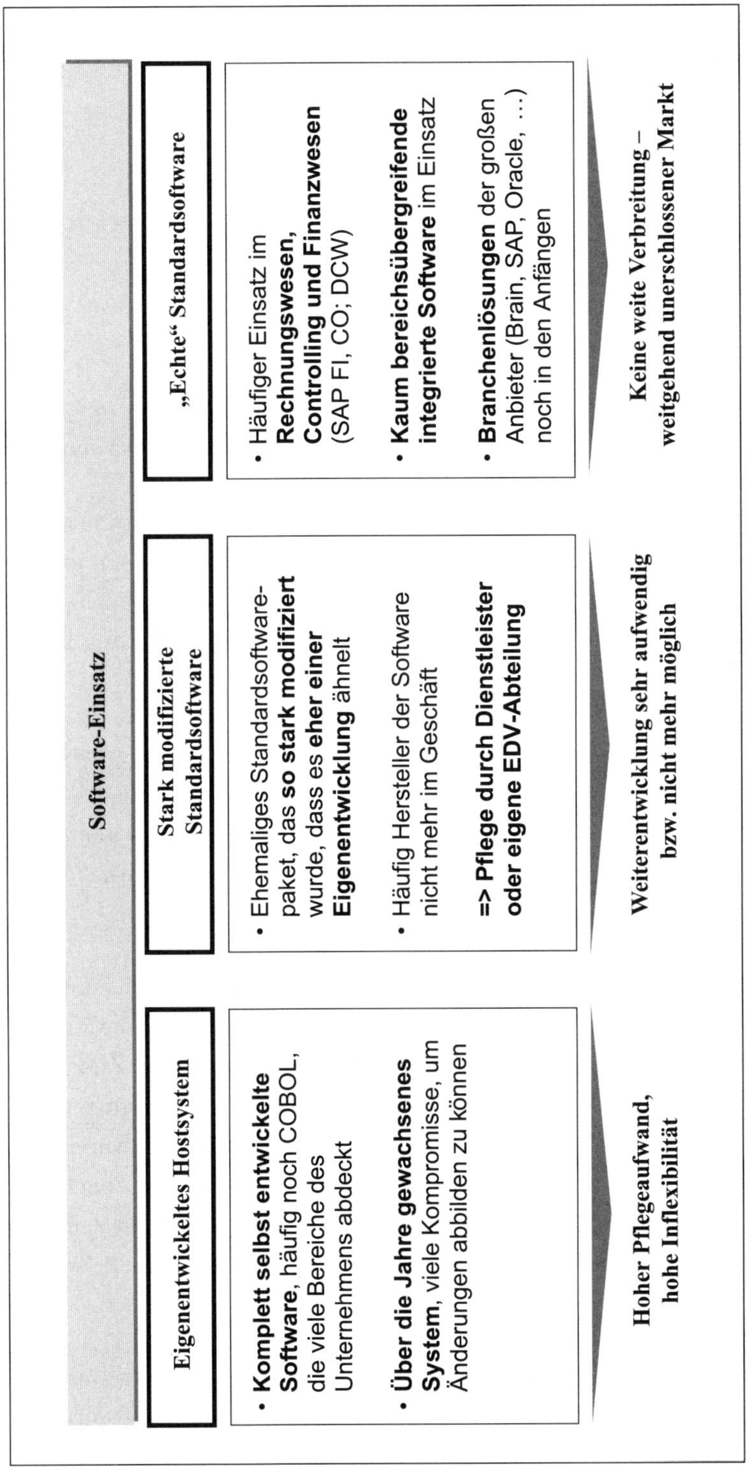

Software-Einsatz

Eigenentwickeltes Hostsystem	Stark modifizierte Standardsoftware	„Echte" Standardsoftware
• **Komplett selbst entwickelte Software**, häufig noch COBOL, die viele Bereiche des Unternehmens abdeckt • **Über die Jahre gewachsenes System**, viele Kompromisse, um Änderungen abbilden zu können	• Ehemaliges Standardsoftware-paket, das **so stark modifiziert** wurde, dass es **eher einer Eigenentwicklung** ähnelt • Häufig Hersteller der Software nicht mehr im Geschäft **=> Pflege durch Dienstleister oder eigene EDV-Abteilung**	• Häufiger Einsatz im **Rechnungswesen, Controlling und Finanzwesen** (SAP FI, CO; DCW) • **Kaum bereichsübergreifende integrierte Software** im Einsatz • **Branchenlösungen** der großen Anbieter (Brain, SAP, Oracle, ...) noch in den Anfängen
Hoher Pflegeaufwand, hohe Inflexibilität	Weiterentwicklung sehr aufwendig bzw. nicht mehr möglich	Keine weite Verbreitung – weitgehend unerschlossener Markt

Abb. 1: EDV-Ausstattung in der Bekleidungsindustrie

Besonders der Bereich E-Commerce bietet große Chancen, die in anderen Branchen bereits erkannt wurden und die auch für die Bekleidungsbranche von strategischer Bedeutung sind.

2 Erfolgsstrategien durch E-Commerce

„Internet's and E-Commerce's influence are overestimated for the next two years – but underestimated for the next ten years."   *Bill Gates, CEO Microsoft.*

Das Internet ist in aller Munde. Jungunternehmer und Aktienmärkte träumen von gigantischen Gewinnen in der Zukunft. Der Konsument verspricht sich einen umfassenden Überblick, bessere Preise und einen besseren Service. Woher rührt diese Begeisterung für ein Medium, das noch vor drei Jahren von der Bevölkerung kaum wahrgenommen wurde?

Haupttreiber dieses neuen Bewusstseins dürfte die zunehmende Verbreitung des Internet sein. Die Zeiten, in denen es ausschließlich von einer Randgruppe genutzt wurde, sind vorbei: Die Anwenderzahlen steigen steil an; Mitte 1999 wurden alleine in Deutschland über neun Millionen Internetnutzer gezählt, mit weiterhin stark steigender Tendenz. (Abb. 2)

Gleichzeitig wandelt sich die Struktur der Nutzer: Während die Mehrheit der Anwender anfangs technisch interessierte und junge Männer waren, gleicht sich die Nutzerstruktur nun immer mehr dem allgemeinen Bevölkerungsdurchschnitt an. Zudem ist die Kaufbereitschaft der Konsumenten im Internet angestiegen. Firmen nutzen das Internet zunehmend – ein neuer attraktiver Markt bzw. Vertriebskanal für Waren und Dienstleistungen hat sich gebildet. Ein deutliches Kennzeichen für die ungeheure Attraktivität, die dem E-Commerce-Markt schon heute und besonders für die Zukunft zugemessen wird, ist an der Marktkapitalisierung von Unternehmen wie z. B. Yahoo, AOL, Amazon oder eBay zu erkennen.

Dieser attraktive E-Commerce-Markt teilt sich in zwei Bereiche: Business-to-Business (B2B), also Geschäfte zwischen Unternehmen über das Internet, und Business-to-Consumer (B2C), der Handel mit dem Endkunden. Dabei macht der B2C-Bereich den

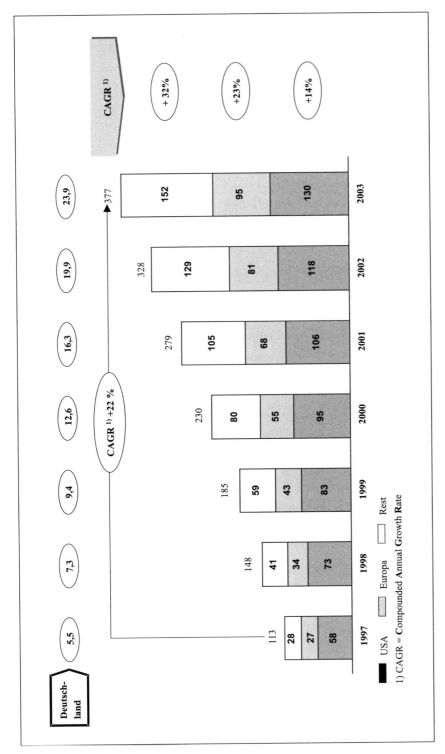

Abb. 2: Weltweite Entwicklung der Internet–Nutzer

kleineren Teil der beiden aus. Gegenwärtig liegen die größeren Effizienzsteigerungspotenziale im B2B-Bereich (aktuelle Schätzungen gehen von einer 80:20-Aufteilung aus).

2.1 Strategische Potenziale im Bereich Business-to-Consumer

Im B2C-Bereich ist der Markt, gemessen am Gesamteinzelhandelsumsatz, in den meisten Branchen unter 2 % anzusiedeln. Gerade in Deutschland kauft nur ein geringer Anteil der Nutzer tatsächlich. Gründe hierfür liegen in einer zu hohen Komplexität (Internet am PC ist umständlich und langsam), zu hohe Kosten, Sicherheitsbedenken, Unübersichtlichkeit etc.

Dies ist leicht zu verstehen, wenn man bedenkt, wie heutzutage ein Kleid im Internet gekauft wird: Rechner hochfahren, einwählen, die Seite des Anbieters finden, das Kleid begutachten. Die Passform ist nicht einzuschätzen, der Stoff nicht zu fühlen und daher besteht nur eine geringe Affinität zum Produkt. Entscheidet sich der Internetnutzer dennoch für das Produkt, sind nun sämtliche Bestellinformationen auszufüllen, Kreditkarteninformationen vielfach anzugeben und eine Lieferzeit von ein bis zwei Tagen hinzunehmen. Für den serviceorientierten Kunden stellt sich die Frage, warum er einen solchen Prozess durchlaufen soll, wenn er doch das gleiche Kleid direkt um die Ecke im Fachgeschäft kaufen kann.

Viele dieser Probleme werden jedoch in den nächsten Jahren gelöst werden: Die Komplexität wird durch einfachere Bedienung der Programme und neue einfachere Endgeräte reduziert (Browser-Prototypen mit Sprachsteuerung existieren schon heute). Die Kosten für Internet-Service-Provider, die den Zugang sicherstellen, fallen gegen null, Telekommunikationskosten sinken weiter, neue Verbindungsmöglichkeiten (ADSL, GPRS, Kabelmodem etc.) sorgen für höhere Geschwindigkeiten. Die Übersichtlichkeit wird gesteigert, indem Portals, Communities of Interest und Agenten stärker genutzt werden, so dass der Benutzer schneller den Weg zur richtigen Ware findet. (Abb. 3)

Bedenken gegen das Internet als Hort der Kriminalität können durch bessere Sicherheitsmechanismen, die persönliche Daten schützen, und vor allem durch Aufklärung der Bevölkerung über die tatsächlichen Gefahren entkräftet werden. Auch das Vertrauen in bekannte Markenanbieter, die ihre Ware über das Internet offerieren, wird den potenziellen Käufern einen Teil ihrer Scheu nehmen und eine Gewöhnung an das

Technik

- **Höhere Geschwindigkeit**
  - ADSL: > 10-fach ISDN
  - Kabelmodem: > 20-fach ISDN
  - Powerline: > 20-fach ISDN

- **Mehr Interaktions-
  möglichkeiten**
  - Web-Call Center/
    Videoberatung
  - Spracherkennung
  - Intelligente Agenten

- **Easy to use**
  - Web TV
  - Smart phones
  - Touch screens

Sicherheit

- **Bessere Verschlüsselungs-
  technologien**
  - Asymmetrisch
  - SET, SSL

- **Sichere Identifizierung**
  - Digitale Signaturen
  - Zertifizierung / Trust Center
  - Biometrie

- **Aufklärung der Nutzer**

Kosten

- **Billige Endgeräte**
  - PC für 1.000 DM
  - Einfachere Endgeräte

- **Freier / kostengünstigerer
  Internetzugang**
  - Flat rate
  - Freeserve, Dixons

- **Preisverfall TK-Kosten**
  - Wettbewerb (- 60%)
  - Zusätzliche Netzkapazität

Abb. 3: Gründe für den Abbau von Hemmnissen für erfolgreiches E-Commerce

Problem

Schutz persönlicher Daten
- Nutzungsgewohnheiten, Adresse etc.
- Zahlungsdaten (Kreditkarte, ELV[1] etc.)

Sichere Identifizierung
- Erkennen der Kunden
- Vertrauenswürdigkeit des Anbieters
- Rechtliche Absicherung der Transaktionen

„Das Internet besteht nur aus Kriminellen und ist nicht sicher"
- Übertriebene Angst vor Missbrauch

Lösung

Bessere Verschlüsselungstechnologien
- Asynchrone Verschlüsselung für Daten (z.B. PGP[2])
- Sichere Online-Verschlüsselung

Identifikationsmechanismus für Kunden und Anbieter
- Persönliche Smart Cards mit Geheimzahl
- Biometrische Erkennungsverfahren
- Elektronische Unterschrift
- Zertifizierung der Anbieter

Aufklärung
- Erklärung, warum sicher (1,5 Mio. Jahre zur Decodierung von verschlüsselten Daten etc.)
- Werbekampagne der Anbieter

1) Elektronisches Lastschriftverfahren
2) Pretty Good Privacy

Abb. 4: Sicherheitsbedenken und ihre zukünftige Lösung

Medium als ein normales Einkaufserlebnis ermöglichen – E-Commerce als Teil des Alltagslebens. (Abb.4)

Wenn diese grundsätzlichen Barrieren beseitigt sind, können die Vorteile, die E-Commerce gegenüber Versandhandel und stationären Geschäften bietet, ausgenutzt werden:

Eine variable *zeitangepasste Preisgestaltung*, die bei Katalogpreisen oder stationär gedruckten Etiketten momentan nicht möglich ist, macht eine rasche Preisanpassung an verschiedene Gegebenheiten (Wetter, Verknappung von Modellen, Überbestände etc.) möglich. Der Verkauf über Auktionen kann ebenfalls für wesentlich mehr Waren als heutzutage üblich eingesetzt werden. Eine Kundenidentifikation ermöglicht auch im Konsumentenhandel individualisierte Preise, d.h. ein Stammkunde bekommt andere Konditionen als ein noch zu bewertender Erstkunde. Es kann also zwischen preissensiblen und preisunsensiblen Kunden unterschieden und den ersteren können knapper kalkulierte Angebote gemacht werden. Einige Spekulationen gehen sogar davon aus, dass fixe Preise, die ja erst eine Erfindung des 19. Jahrhunderts sind, auf diese Weise stark zurückgedrängt werden könnten.

Eine *Auswertung des Kunden* (click history) ermöglicht zudem individualisierte Sortimente, d.h. dem Kunden werden zunächst nur noch Produkte angeboten, für die er eine Affinität zu haben scheint, und Lockangebote, bei denen eine hohe Kaufwahrscheinlichkeit kalkuliert wird. Ansätze in dieser Richtung sind heutzutage vor allem im Internet-Buchhandel zu beobachten. Dort werden aus der Bewertung einer Anzahl von bereits bestellten Büchern neue Vorschläge für den Kunden generiert, z.B. bei **www.amazon.com**. (Abb. 5)

Der Kunde wird damit von Angeboten verschont, die für ihn nicht von Interesse sind, und er kann stärker Einfluss auf seine persönliche Kaufentscheidung im Internet nehmen. Über die Ansammlung von Informationen wird der Kunde umso wertvoller für den Händler, je länger er bei ihm bleibt. In der Folge werden sich gewisse Treue- und Rabattsysteme stärker etablieren als heutzutage üblich. Diese Personalisierung steht natürlich noch unter dem Vorbehalt einer Lockerung der Datenschutzgesetze (insbesondere in Deutschland). Daneben besteht die Möglichkeit einer freiwilligen Preisgabe von Informationen durch den Benutzer gegen entsprechende Belohnungen.

Neben der Bindung des Kunden kann im Internet eine *kontinuierliche Verfügbarkeit* zu geringen Kosten für den Anbieter erreicht werden, d.h. bisherige Barrieren wie Öffnungszeiten, Entfernung etc. werden für viele Güter bedeutungslos. Auch die poten-

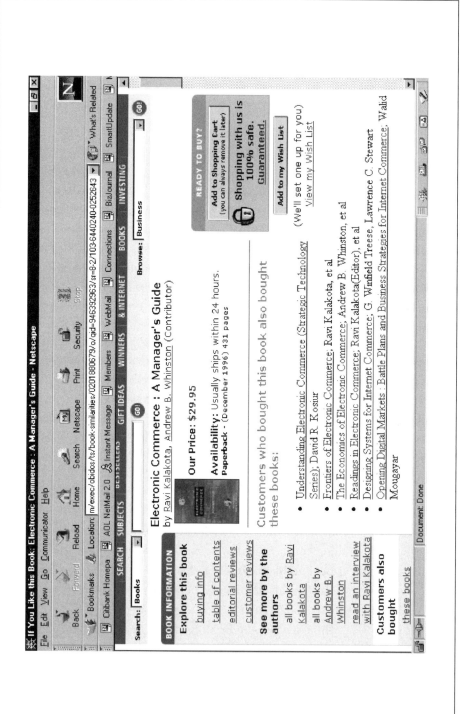

Abb. 5: Beispielhafte Webpage von www.amazon.com

ziell globale Reichweite ermöglicht eine vollkommen andere Herangehensweise an den
Markt. Dabei darf aber nicht vergessen werden, dass nicht alle Güter für den globalen
Markt geeignet sind. Außerdem kann die Reichweite u. a. wegen logistischer, gesetzli-
cher und kultureller Beschränkungen nicht immer ausgenutzt werden.

Gerade die *Logistik* wird zum kritischen Erfolgsfaktor im E-Commerce, denn nur wer
in der Lage ist, den Geschwindigkeitsvorteil der elektronischen Bestellung über optimierte interne Prozesse und den schnellen Transport zum Kunden weiterzuleiten, wird
erfolgreich sein. Die Distributionskette muss an das neue Medium angepasst werden,
um die Vorteile der elektronischen Bestellung auch in die Tat umzusetzen. Voraussetzung hierfür ist die reibungslose technische Abwicklung über *hoch entwickelte DV-
Systeme*, da der Konsument z. B. nicht gewillt ist, für seine Bestellung durchschnittlich
länger als zehn Sekunden auf den Aufbau einer Seite zu warten.

Ohne eine flexible und schnelle Organisationsstruktur ist E-Commerce allerdings zum
Scheitern verurteilt. Weitere Einflussfaktoren sind schnelle Innovationszyklen sowie
neue Geschäftsmodelle (z. B. *www.ebay.com*), niedrige Eintrittsbarrieren und ein
ungeformter Markt, in dem Kunden- und Marktstrukturen noch im Wandel sind und
sich die Ansprüche rasant verändern. Diese *E-Organisation* muss folgende Anforderungen erfüllen:

- Schnittstellen zum Stammgeschäft müssen klar definiert sein;
- medienadäquate Reaktionszeiten müssen möglich sein;
- die E-Unit muss Schnellboot im Konzernverbund mit kurzen Entscheidungs-
  wegen sein;
- Kanalkonflikte müssen entweder vermieden oder analysiert werden;
- Prozesse müssen auf den Kunden ausgerichtet werden;
- für den Kunden darf nur ein einziger, schnell reagierender Anbieter sichtbar sein,
  unabhängig von den dahinter liegenden Strukturen.

Wie kann man sich in zehn Jahren den Einkauf eines Kleides vorstellen? Man geht zum
Endgerät, das im Wohnzimmer steht und eine dauerhafte Verbindung zum Internet
hat. Auf einen Sprachbefehl hin wird man sofort zu einer Anbieterauswahl gebracht.
Die großformatige Darstellung zeigt Neuheiten und besondere Angebote in dreidi-
mensionaler, bewegter Ansicht. Im Gerät ist bereits ein dreidimensionales Modell des
eigenen Körpers gespeichert, das in einer speziellen Messeinrichtung angefertigt
wurde. Mit Hilfe dieses Modells kann die Wirkung des Kleides am eigenen Körper
(inklusive Bewegung) betrachtet werden. Die Auswahl bzw. das Weiterblättern im virtuellen Katalog erfolgt ebenfalls per Sprachbefehl oder durch einfaches Berühren des

Geräts. Zahlungsinformationen sind bereits im Gerät gespeichert, bei Bestätigung der Bestellung, z. B. durch ein gesprochenes Passwort, wird der Auftrag erteilt und bald darauf angeliefert.

Das Einkaufen im Netz kann also *einfacher* sein als das stationäre Einkaufen heutzutage, wird dieses aber niemals komplett ersetzen. (Abb. 6)

Wie kann man aber heute schon das Potenzial des E-Commerce ausschöpfen? Was muss man als Unternehmen in der Bekleidungsbranche tun, um auch auf diesem Feld erfolgreich zu sein? Aus dem gegenwärtig noch sehr jungen Markt lassen sich nur wenige valide Schlussfolgerungen ziehen, obwohl schon zahlreiche Analysen von Erfolgsfaktoren für den Online-Handel existieren. Nur wenige Punkte scheinen bisher sicher zu sein: Die **Marke** bleibt, gerade auch für die Modebranche, das wichtigste Gut im Internet. Neben ihren traditionellen Funktionen des Aufbaus einer Stammkundschaft und der Aufladung mit bestimmten Werten übernimmt die Marke im Internet eine weitere wichtige Aufgabe: sie dient der Orientierung des Kunden. Das Internet ist anders organisiert als eine herkömmliche Einkaufsstraße: Ein „Schlendern" im Web ist bisher nur sehr eingeschränkt möglich, da dieses eher einem unüberschaubaren Straßengewirr ähnelt, in dem man sich nur sehr eingeschränkt orientieren kann.

Da der Kunde also kaum zufällig den betreffenden Shop im Internet finden wird, gibt es nur zwei Möglichkeiten, ihn zum Angebot auf der eigenen Seite zu führen: entweder durch eine *Umlenkung* von anderen Seiten durch Werbebanner, Kooperationen mit Portalen oder Platzierung als „Shop der Wahl" an großen Knotenpunkten wie AOL (*www.aol.com*), Yahoo (*www.yahoo.com*) oder Lycos (*www.lycos.com*). Oder über den *Markennamen* an sich, mit dem der Kunde direkt auf das Angebot zugreift (z. B. *www.levi.com*). Diese Marke muss durch kombinierte Online- und Offline-Werbemaßnahmen so bekannt gemacht werden, dass der Kunde bei der Suche nach einem neuen Kleidungsstück direkt die entsprechende Seite ansteuert.

Den Möglichkeiten des Internet zur *Individualisierung* des Angebots kommt eine Schlüsselrolle zu. Die technische Entwicklung erlaubt die Auswertung von Nutzerdaten (soweit gesetzlich nicht eingeschränkt) und somit ein immer besseres Maßschneidern von Produkten (im wahrsten Sinne des Wortes im Bekleidungsbereich bei der individuellen Produktion von Kleidung nach den Maßen des Kunden), Angebotsumfang und sogar Preisen. Der Kunde wird nicht mit Angeboten belästigt, die ihn nicht interessieren, und der Hersteller bzw. Händler kann zielgerichteter genau das anbieten, was die höchste Kaufwahrscheinlichkeit verspricht.

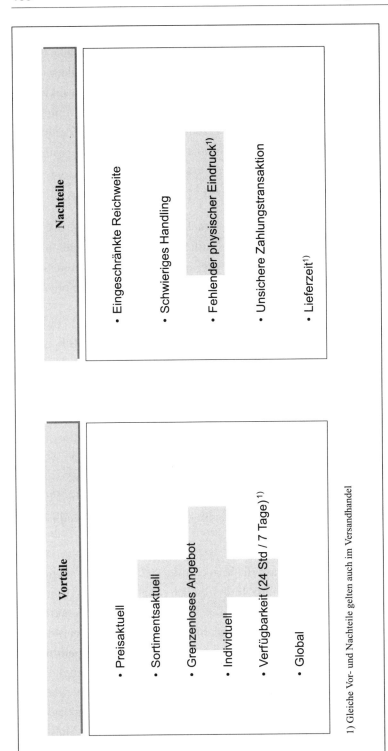

Abb. 6: Vor- und Nachteile des Internet im Vergleich zu klassischen Vertriebsformen

Service, ob automatisiert oder durch persönliche Beratung über die verschiedensten Medien, wird letztendlich die Zufriedenheit des Kunden bestimmen. Gerade in einem Geschäft, das keinen direkten Kundenkontakt bietet, muss die Schnittstelle Internet dem Kunden einen Service bieten, der ihn zufrieden stellt und zum Stammkunden macht. Automatisierter Service wird dem Kunden (einfache) Aufgaben abnehmen und ihm aktuelle Informationen über Produkte, Bestellungen, ausstehende Zahlungen etc. zur Verfügung stellen. Der persönliche Service aus einem Call Center heraus (per Video, Telefon, E-Mail, Brief etc.) klärt darüber hinaus kompliziertere Fragen und sorgt für einen Rückfluss des Kunden-Feedback ins Unternehmen.

Trotz des globalen Charakters des Internet ist vielfach eine *Lokalisierung*, d.h. eine Anpassung an die örtlichen Gegebenheiten, notwendig. Nationale oder regionale Besonderheiten lassen einen weltweit einheitlichen Internetauftritt ohne Differenzierung nicht ratsam erscheinen, zudem zwingt bei vielen Geschäftsmodellen die physische Auslieferung zur Begrenzung auf ein gewisses Gebiet. (Abb. 7)

Technik und *Abwicklung* spielen eine untergeordnete Rolle, da sie nur noch zu den Hygienefaktoren gezählt werden können. Eine einwandfreie Verfügbarkeit, Auftragsverwaltung und Auslieferung werden vorausgesetzt, bieten aber keine Differenzierungsmöglichkeiten gegenüber den Wettbewerbern mehr.

Trotz des gegenwärtig noch sehr kleinen Marktes empfiehlt sich ein früher Einstieg, da die Markenbekanntheit stückweise aufgebaut werden muss und wichtige Positionen schnell besetzt werden können. Ein Grund hierfür ist, dass der Konsument nur eine stark begrenzte Anzahl von Internet-Adressen (Angaben schwanken zwischen 10 und 40) im Gedächtnis behalten kann. Ziel muss also sein, sich rechtzeitig innerhalb dieses „Relevant Set" zu positionieren.

Wie könnten sich diese Entwicklungen auf die Struktur der Bekleidungsbranche auswirken? Die zunehmend billiger werdende Individualisierung der Kunden und die Möglichkeiten der Hersteller, über das Internet direkt Endkunden zu kontaktieren, könnten die Rolle des Händlers stark verändern: In einigen Bereichen, gerade mit standardisierten, leicht zu transportierenden Gütern könnte er sich zu einem reinen Logistikdienstleister entwickeln, der die bestehende Infrastruktur nutzt, um die Ware direkt zum Kunden nach Hause zu bringen. Er würde aber die Kontrolle über die Schnittstelle zum Konsumenten verlieren. Der Hersteller würde über Internet den Kontakt zum Endkunden halten, ihm neue Modelle vorstellen und diese in Maßanfertigung produzieren.

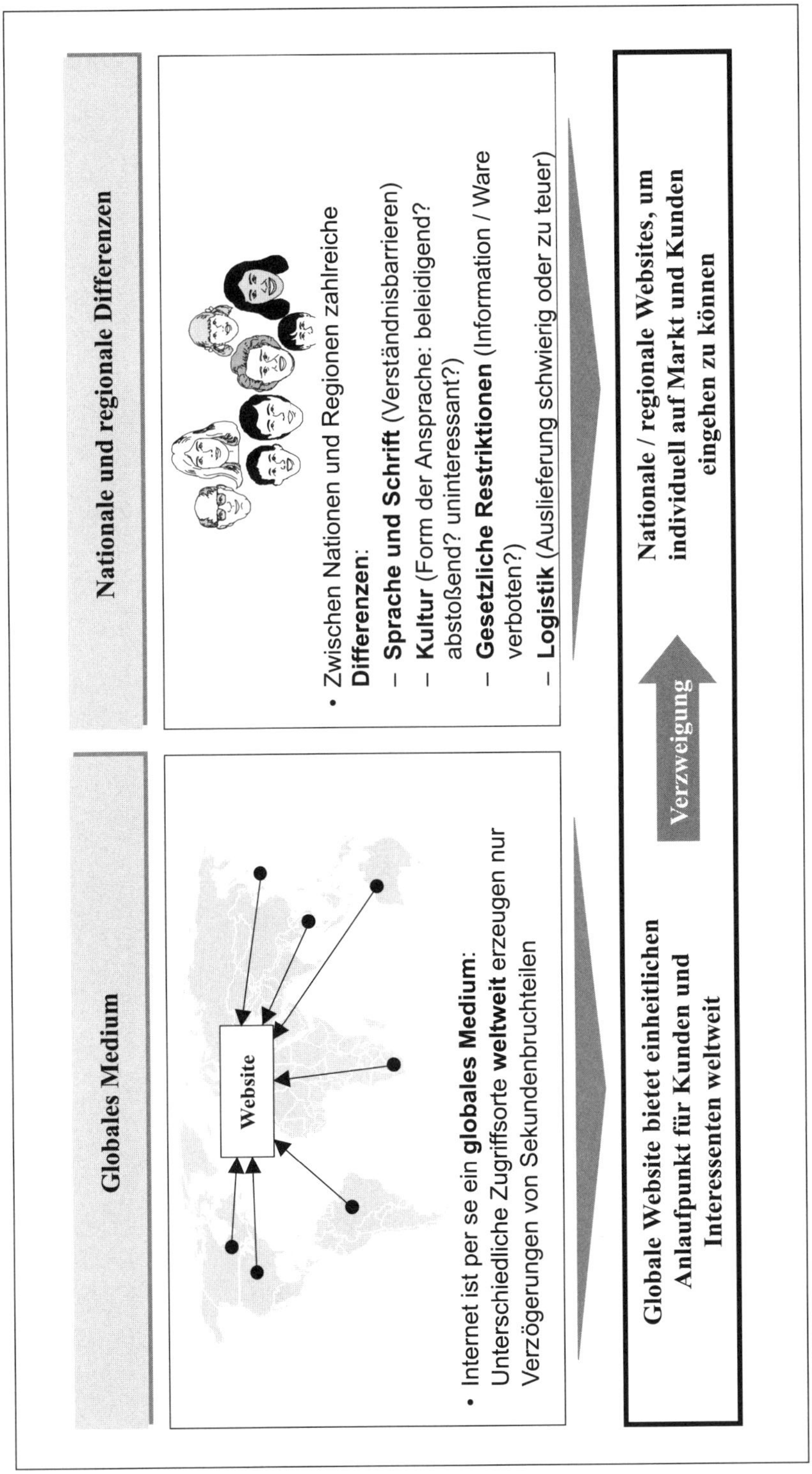

Globales Medium

Website

- Internet ist per se ein **globales Medium**: Unterschiedliche Zugriffsorte **weltweit** erzeugen nur Verzögerungen von Sekundenbruchteilen

Globale Website bietet einheitlichen Anlaufpunkt für Kunden und Interessenten weltweit

Nationale und regionale Differenzen

- Zwischen Nationen und Regionen zahlreiche **Differenzen**:
  - **Sprache und Schrift** (Verständnisbarrieren)
  - **Kultur** (Form der Ansprache: beleidigend? abstoßend? uninteressant?)
  - **Gesetzliche Restriktionen** (Information / Ware verboten?)
  - **Logistik** (Auslieferung schwierig oder zu teuer)

Nationale / regionale Websites, um individuell auf Markt und Kunden eingehen zu können

Verzweigung

Abb. 7: Beachtung globaler und regionaler Besonderheiten

Stationärer Handel	E-Commerce	Versandhandel
• Aufwendige Neuauszeichnung	Preisaktuell	• Bindung an Katalogzyklus
• Aufwendige Regaländerungen	Sortimentsaktuell	• Bindung an Katalogzyklus
• Limitierung durch Standorte, Fläche	Grenzenloses Angebot	• Limitierung durch Katalogumfang
• Abhängigkeit von Verfügbarkeit von Beratung	Individuell	• Limitierung durch standardisierten Inhalt
• Bindung an Netz von POS	Ubiquitäre Verfügbarkeit	• Limitierung durch Versandadressen
• POS überall zu eröffnen abhängig von Standortverfügbarkeit)	Eingeschränkte Reichweite	• Jede Adresse erreichbar
• Unproblematisch	Schwieriges Handling	• Unproblematisch
• Unproblematisch	Fehlender physischer Eindruck	• Nachteil trifft ebenso zu
• Unproblematisch	Unsichere Zahlungstransaktion	• Postalische / telefonische Übermittlung
• Unproblematisch	Lieferzeit	• Nachteil trifft ebenso zu

Abb. 8: Vor- und Nachteile verschiedener Vertriebskanäle

Obwohl man sich diese Möglichkeit für klassische Mode im HAKA-Bereich noch vorstellen kann, ist es vor allem in modischeren Bereichen sehr unwahrscheinlich, dass auf das Einkaufen als Erlebnis verzichtet wird. Es bietet sich eine kombinierte Lösung an, die versucht, die Vorteile der Individualisierung und die der Erfahrungswelt im stationären Einkauf zu verbinden; eine Lösung, die sich besonders für vertikalisierte Unternehmen eignet: Die stationären Händler (wenn auch in geringerer Anzahl als heutzutage) stellen dem Kunden eine Kollektion von verschiedenen Modellen vor, allerdings nur in wenigen Standardgrößen. Der Kunde kann das Kleidungsstück in die Hand nehmen, die Stoffqualität fühlen, die Verarbeitung prüfen und es natürlich auch anprobieren. Da das Modell aber häufig nicht mehr in der gewünschten Größe oder Farbe verfügbar sein wird, bietet der Händler die Möglichkeit, sich vor Ort in einem 3-D-Abtastgerät vermessen zu lassen. Damit kann entweder das passende Modell ausgewählt oder sogar eine Maßschneiderung dieses Modells veranlasst werden.

Hersteller müssen flexibler werden; die Produktion der Modelle in allen Größen und Farben im Voraus wird nicht mehr möglich sein. Geschäftsmodelle, die jetzt noch Ausnahmen sind, so wie das häufig genannte Beispiel *Sarah Lee*, werden mehr und mehr die Regel werden – von der Geschwindigkeit und Anpassungsfähigkeit bis hin zur Produktionsmenge von einem Stück. Andererseits ergeben sich Möglichkeiten zur Vertikalisierung, ohne Kapital in eigenen oder Franchise-Shops zu binden, indem man den direkten Kontakt zum Endkunden über das Internet herstellt. Wenn man ein solches Szenario zu Ende denkt, dann kann man sich vorstellen, dass Hersteller in der Zukunft individuell für Konsumenten Kleidungsstücke anfertigen (je nach Automatisierungsgrad ist hierbei auch ein individuelles Design möglich). Der Kunde wird dabei z.B. über E-Mail informiert und gibt seine speziellen Wünsche an den Hersteller weiter.

Eine andere Möglichkeit wäre die Umkehrung des Modells: Durch einfachere Steuerung und weitergehende Automatisierung besetzen Händler einen immer größeren Teil der Wertschöpfungskette und beginnen selbst zu produzieren. Sie haben mit ihrem Wissen über den Kunden und der eingespielten Distribution einen Vorteil gegenüber den Herstellern. Diese werden entweder selbst zu Händlern oder müssen das Geschäft ganz aufgeben. Keine dieser beiden Möglichkeiten erscheint in letzter Konsequenz wahrscheinlich, sicher ist aber, dass sich der Markt massiv verändern wird. (Abb.8)

Sowohl Händler als auch Hersteller sollten versuchen, sich im Bewusstsein des Kunden zu positionieren. Der Kunde wird im Chaos des Internets bei Produkten, deren Qualität er nicht direkt vergleichen kann, im Zweifel immer ihm bekannte Produkte suchen und auswählen. Bei Einsatz der durch B2C-Technologien verfügbaren Mittel können sowohl Händler wie auch Hersteller neue Möglichkeiten und Chancen ergreifen und ihre Anteile in einem weiter schrumpfenden Markt gegen den Trend ausbauen.

Roland Berger & Partner haben sechs kritische Erfolgsfaktoren für den Handel im Internet identifiziert, die bei der Gestaltung eines eigenen Internetauftritts unbedingt zu beachten sind und die als Leitlinien gelten können:

1. *Hoher Bekanntheitsgrad/Markenbekanntheit*: Marketing ist im Internethandel überproportional wichtig, um aus der Anonymität des WWW herauszuragen und sich im „Relevant Set" des Kunden zu platzieren.

2. *Einzigartigkeit in Angebot und Leistung*: Die Entwicklung einer Unique Selling Proposition durch flexibles, schnelles Reagieren auf Kundenwünsche/Markttrends und innovative Geschäftsmodelle wird ebenfalls zu einem Schlüsselfaktor.

3. *Null-Fehler-Auftritt und -Abwicklung*: Die Konkurrenz ist stets nur „One Click away", so dass eine reibungslose Abwicklung (Fulfillment) ein Muss ist.

4. *Hohe Effizienz durch Prozessintegration*: Erst die Schaffung von elektronischen Wertschöpfungspartnerschaften wird Profitabilität im Webgeschäft ermöglichen.

5. *Aufbau von intelligenten Partnernetzwerken*: Durch die extreme Dynamik und Wettbewerbsintensität müssen „win-win"-Situationen für alle Beteiligten geschaffen werden, denn nur so sind Wachstumsziele im E-Commerce schneller und kostengünstiger erreichbar.

6. *Kundenbindung durch One-to-one-Marketing, Interaktion und Customizing*: Ein intelligentes Database-Marketing ist Voraussetzung für kundenindividuelle Lösungen und maßgeschneiderte Produkte.

Letztendlich bleibt aber ein Wermutstropfen: Es darf nicht vergessen werden, dass die überschwängliche Begeisterung für das Internet und für B2C-Lösungen, die alle Lebensbereiche durchdringen sollen, im Kontext des aktuellen Status quo gesehen werden muss: Ende 1999 gab es nur sehr wenige Unternehmen, die in diesem Bereich tatsächlich Geld verdienten. Die Hoffnung der Aktionäre und Analysten beruht auf den gewaltigen Summen, die diese Unternehmen hoffentlich einmal verdienen werden. Auch wird nicht einmal in der optimistischsten Prognose von einer völligen Verdrängung des stationären Handels ausgegangen. In vielen Bereichen (Lebensmittel etc.) ist es fraglich, ob der E-Commerce-Umsatz überhaupt eine signifikante Größe erreichen wird. Diese Fragen und Zweifel stellen sich im Business-to-Business nicht.

2.1.1 Exkurs: Wer sind die Gewinner im virtuellen Retailing?

Betrachtet man Unternehmen, die neben ihrem angestammten Geschäft auch im Internet präsent sind, so versuchen diese eine stärkere Integration des Konsumenten ins Netz durch sogenannte Net Innovations. Net Innovations sind überlegene Konzepte, die dem Konsumenten einen besseren Service, preiswertere Produkte, mehr Auswahl und ein emotionaleres Einkaufserlebnis bieten, indem sie die unbegrenzten Möglichkeiten moderner Datentechnologien nutzen. Ein Beispiel außerhalb der Bekleidungsbranche ist hierzulande Conrad Electronics (*www.conrad.de*), ein Unternehmen, das ein Sortiment von über 30.000 Produkten anbietet und seine Produktpreise z.B. bei Speicherblöcken zum Teil stündlich aktualisiert. Auch in der Lebensmittelbranche gibt es innovative Unternehmen, bei denen dem Kunden einiges mehr als nur die Möglichkeit der elektronischen Bestellung von Waren geboten wird. Ein gutes Beispiel ist neben dem Warenhauskonzern Karstadt (*www.myworld.de*) auch der schweizerische Lebensmittelanbieter Le Shop (*www.leshop.ch*). Hier können alle Arten von Lebensmitteln bestellt und sogar mit Bildern eingesehen werden. Die Lieferung erfolgt umgehend. Im Bekleidungsbereich machen diese innovativen Unternehmen gerade ihre ersten Gehversuche. Die ersten Konzepte beweisen, dass aber auch über das Internet Mode innovativ und erlebnisorientiert vertrieben werden kann. (Abb. 9)

Neben den reinen Bekleidungsanbietern wird es möglicherweise eine zweite Betriebstypeninnovation im Netz geben: Die Community-Strategie geht von der Zielgruppe, nicht von den Sortimenten aus. Den Angehörigen einer Community werden rund um ihr Bedürfnisumfeld Informationen, Unterhaltung (Message Board oder auch Chat-Foren), Waren und Links zu Komplementärgütern angeboten. Einkaufen ist nur ein Teil der Internet-Welt, aber die Community-Anbieter können dafür sehr gezielt auf die Konsumgewohnheiten ihrer Zielgruppen eingehen.

Außer diesen Internet-Firmen haben die *Versender* – zumindest von Seiten der Logistik – optimale Voraussetzungen, um im Internet-Handel erfolgreich zu sein. Kein Wunder, dass sich die Großen der Versandhandelsbranche im Bereich des E-Commerce schon gut eingerichtet haben. Sie kennen die kostenfreie und unbegründete Rücksendung seit Jahren, ihnen stehen beispielsweise in der Logistik leistungsfähige

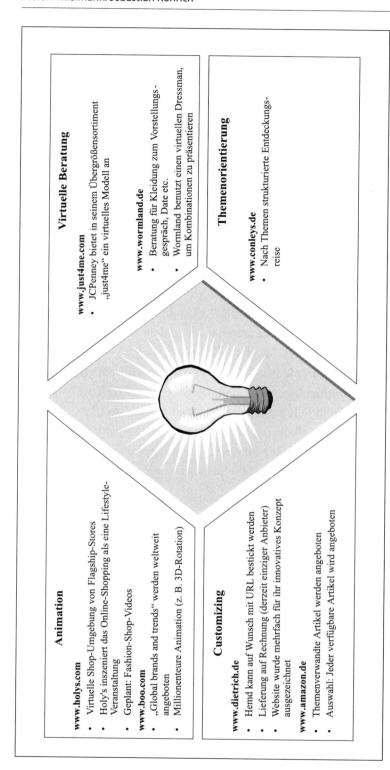

Abb. 9: Innovative Bekleidungsunternehmen mit USPs (Auswahl)

Abb. 11: Webpage des Otto Versands

Lagertechnik, Versanddienste etc. zur Verfügung. Für diese Unternehmen ist das Web eine interessante Ergänzung ihrer Vertriebsformen. Aktuelle Zahlen des Otto Versands (*www.otto.de*) weisen für 1999 z.B. schon eine Verdreifachung des Online-Umsatzes auf über 100 Mio. DM aus. Insbesondere der Otto Versand hat die Zeichen der Zeit erkannt und versucht sich über eine starke Markenorientierung weiter zu etablieren. (Abb. 11)

Allerdings haben eine Reihe von Versendern, wie z.B. Quelle (*www.quelle.de*) oder Neckermann (*www.neckermann.de*) das Problem eines etwas zu hohen Durchschnittsalters innerhalb ihrer Zielgruppe. Die momentane Struktur der Internet-Nutzer ist eher männlich, gebildet und gut verdienend. Da sich aber die Struktur der Internet-Nutzer an den allgemeinen Bevölkerungsdurchschnitt immer mehr angleicht, lassen Zahlen wie die bei Otto erkennen, dass diese Hürde genommen werden wird und auch die großen Versender an den Wachstumspotenzialen partizipieren werden, so wie es ihre ausgefeilte Logistik erlaubt. Die amerikanischen Versender sind hier schon ein Schritt weiter, denn sie erschließen durch innovative Ideen neue Zielgruppen. An dieser Stelle sind die Versender *Eddie Bauer* (*www.eddiebauer.com*) und *Conley's* (*www.conleys.de*) zu nennen. Der US-Versender *Eddie Bauer* bietet sein gesamtes Katalog-Sortiment – von Mode für Frauen, Männer, Kinder und Babys bis hin zu Schuhen und Möbeln – online an. *Conley's* bietet dem Kunden eine nach Themen strukturierte Entdeckungsreise durch die Modewelt. (Abb. 12)

Gute Chancen bieten sich auch den Spezialversendern, denn sie haben den Vorteil, nicht die Masse anzusprechen, sondern eine spezielle Zielgruppe. Beispiel ist der amerikanische Internet-Versender *Land's End* (*www.landsend.com*), bei dem die Kunden auf alle Produkte ein lebenslanges Rückgaberecht haben. *Land's End* erzielte im vergangenen Jahr einen Internet-Umsatz von 120 Mio. DM und war damit der größte Online-Anbieter von Bekleidung.

Letztendlich werden vor allem die klassischen Versender noch eine Weile damit zu kämpfen haben, das Problem der Zielgruppe in den Griff zu bekommen, bevor sie ihre Vorteile im Bereich der Logistik gänzlich ausnutzen können. Gerade der moderne, junge Konsument wird in Zukunft den Markterfolg von Bekleidungsunternehmen bestimmen. Nur wer in der Lage ist, flexibel und schnell auf sich wandelnde Bedürfnisse zu reagieren, wird sich auch in den kommenden Jahren entgegen dem allgemeinen Markttrend entwickeln.

Obwohl die Umsätze mit Bekleidung seit fünf Jahren stagnieren, handelt es sich keineswegs um einen toten Markt. **Vertikale Ketten** wie *Zara, The Gap, Old Navy,*

Abb. 12: Webpage von Conley's

Mango oder auch *H&M* haben in diesem schwierigen Marktumfeld enorme Wachstumsraten erzielt und sich entgegen dem allgemeinen Markttrend in wenigen Jahren zu globalen Größen hochgearbeitet. Der strategische Erfolgsfaktor war Innovation. (Abb. 13)

Zara vertreibt modisch aktuelle Ware zu äußerst günstigen Preisen in edlem Ambiente, *H&M* verkauft trendige Mode im untersten Preissegment an die junge Familie zwischen 20 und 30. Vielfach werden Lifestyle-Sortimente angeboten. Das Ambiente muss stimmen, der Käufer wird umsorgt. Emotion und Preis sowie innovative Ladenkonzepte haben diese Erfolgsgeschichten geschrieben.

In Bezug auf das E-Commerce-Geschäft der Zukunft haben die vertikalen Ketten einige Vorteile, die sich positiv auf die Entwicklung der Online-Umsätze auswirken könnten. Das Umsorgen des Kunden wird von den vertikalisierten Unternehmen nahezu perfekt gelöst, der Service stimmt, der Kunde wird an das Unternehmen gebunden. Hinzu kommt, dass durch die ständig neue Produktentwicklung ein Interesse geweckt wird, das zusätzlich den sich ständig wechselnden Bedürfnissen Rechnung trägt. Übertragen auf das E-Commerce-Geschäft stellt sich die Frage, welche Vorteile die vertikalen Ketten daraus ziehen und wie das virtuelle Retailing in Zukunft aussehen könnte?

Option 1: Der Hauptvorteil der vertikalisierten Ketten gegenüber dem Versandhandel liegt in der richtigen Zielgruppe, die von diesen Unternehmen jetzt schon angesprochen wird und die auch für das Online-Geschäft in Frage kommt. Durch ständig wechselnde Kollektionen wird die Präsenz des Unternehmens im Netz interessant – es wird für den Kunden lohnenswert, mehr als nur ab und zu vorbeizuschauen. Allerdings muss der Kunde auch noch zusätzlich durch eine eventuelle Community-Strategie umsorgt und damit gebunden werden.

Option 2: Des Weiteren könnten vertikalisierte Ketten durch ihr weit reichendes Filialsystem die operative Abwicklung der zentral im Netz angenommenen Bestellungen durchführen. Somit würde eine Filiale in der Nähe des Kunden, der gerade einen Auftrag online getätigt hat, sich um die weitere Abwicklung und sogar eventuell um das Inkasso kümmern. Auch die Retouren könnten über den einzelnen Shop abgewickelt werden.

Option 3: Vertikalisierte Ketten verfügen über ein hervorragendes Warenmanagement. Dies zeigt sich durch das Handling der ständig wechselnden Kollektionen (z. T.

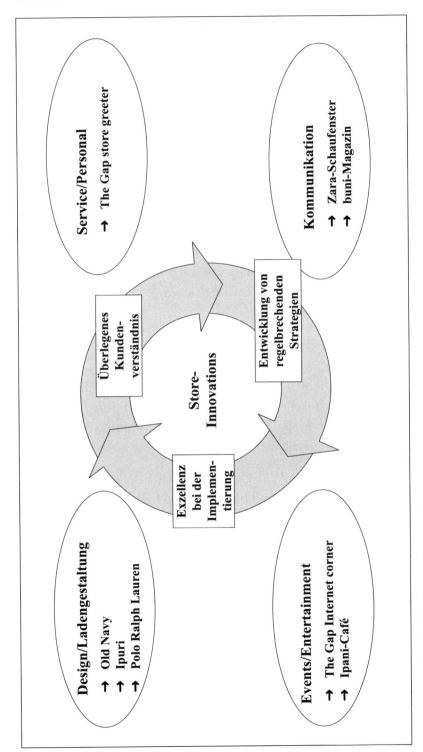

Abb. 13: Merkmale der Store-Innovations

bis zu 12-mal pro Jahr), die dem aktuellen Modetrend folgend immer schnell und flexibel angepasst werden. Hervorzuheben ist hier vor allem das amerikanische Unternehmen *The Gap* (*www.gap.com*), das in besonderer Weise in der Lage ist, sein sehr schnell drehendes Sortiment (alle 14 Tage neue Ware) zu handhaben.

Einziges Sorgenkind bei den vertikalen Bekleidungsanbietern ist die *Logistik*, die noch nicht so ausgereift ist wie bei den Versendern, aber die mit unterschiedlichen Mitteln zu bewältigen ist:

1. Die Unternehmen lernen mit der Zeit, müssen dabei aber eventuelle Rückschläge hinnehmen
2. Die Unternehmen nutzen – wie schon ausgeführt – ihr weit reichendes Filialnetz, um das reine Direktgeschäft zu umgehen und beide Kanäle abzudecken
3. Die Unternehmen gehen Kooperationen mit Logistikdienstleistern ein und schaffen es so, ihren Logistik-Nachteil auszugleichen

Auf die eine oder andere Art werden vertikale Unternehmen dieses Problem beseitigen. Ihre Fähigkeit, Lebenswelten zu kommunizieren, werden die Versandhändler und die virtuellen Händler dagegen nur bedingt kopieren können. Trotzdem ist es eine große Herausforderung, diese Lebenswelten und Marken auch im virtuellen Raum zu vermitteln. Junge, dynamische Unternehmen wie *The Gap* (*www.gap.com*), *Old Navy* (*www. oldnavy.com*), *Kookaï* (*www.kookai.de*), *Zara*, *Mango* oder auch *H&M* (*www. hm.com*) bringen die besten Voraussetzungen mit, auch in diesem Umfeld erfolgreich zu sein.

Es ist daher wenig überraschend, dass gerade die vertikalen Ketten auch den Weg ins Internet antreten. Sie haben die richtige Konsumentenstruktur, die dem Internet offen gegenübersteht, und sie haben den Mut, diesen Vertriebskanal zu nutzen.

Nach Analysen amerikanischer E-Commerce-Umsätze ist von einem wachsenden Internet-Engagement stationärer Retailer auszugehen, deren Anteil mittlerweile bei 60 % liegt und täglich weiter wächst. Dies unterstreicht die hohe Wettbewerbsfähigkeit der Retailer aufgrund ihrer Sortimentskompetenz und der Vorteile bei den Verkaufskonditionen. (Abb.14)

Der überwiegende Teil der erfolgreichen Netstores werden innovative stationäre Retailer sein – allen voran die vertikalen Ketten. Diese dynamischen Store-Konzepte haben die richtigen Zielgruppen, sie haben das richtige Marketing, die richtige Unternehmenskultur, und sie haben in Ansätzen bereits die richtige Logistik, um dieses Ge

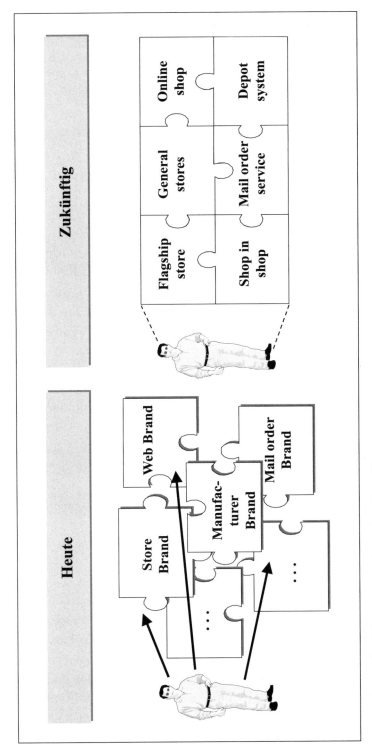

Abb. 14: Erfolgsfaktoren im virtuellen Retailing

schäft erfolgreich zu betreiben. Sowohl im Netz als auch im stationären Geschäft innovativ zu sein wird den erfolgreichen Händler der Zukunft auszeichnen.

Der virtuelle Retailer wird kommen, wobei es weniger neue Namen sein werden, die sich etablieren, als vielmehr alte Namen, die sich innovativ weiterentwickeln werden.

2.2 Strategische Potenziale im Bereich Business-to-Business

2.2.1 Electronic Data Interchange (EDI)

Während im Business-to-Consumer-Bereich durch E-Commerce im Wesentlichen ein neuer Vertriebskanal für das Unternehmen entsteht, werden im B2B-Bereich vor allem bestehende Prozesse auf der Basis von Electronic Data Interchange (EDI) automatisiert und optimiert. Die Grundidee hinter EDI ist die Verwendung elektronischer Nachrichten als Ersatz für Telefon, Fax und Brief. Dies bietet in der Anwendung im Unternehmen einige Vorteile:

- *Kosten*: Einsparungen in der Abwicklung, vor allem bei Umwandlung des bisher stark papiergestützten Prozesses zwischen den verschiedenen Unternehmen. Dies ist allerdings stark abhängig von den verwendeten Softwaresystemen und der Organisation.
- *Schnelligkeit*: Übertragungen erfolgen mit minimaler Verzögerung (je nach System sind Laufzeiten von unter fünf Sekunden die Regel).
- *Eindeutigkeit*: Keine unleserlichen Handschriften, genau die gewünschten Informationen erreichen den Empfänger.
- *Zuverlässigkeit*: Bei den meisten verwendeten Systemen Bestätigung durch den Empfängers, dass die Nachricht angekommen ist.

EDI-Nachrichten zwischen Unternehmen sind keine Erfindung der letzten Monate, sondern werden in einigen Industrien (z.B. Automobilindustrie, Halbleiter) schon seit fast zwei Jahrzehnten in der einen oder anderen Form verwendet. Viele Industrien benutzten die Technologie jedoch bisher nicht: Einheitliche Standards waren anfangs nicht vorhanden und sind in der Struktur sehr kompliziert. Die Anbindung und der Gebrauch von speziellen Übertragungsnetzen (Value Added Networks = VANs) waren kostspielig und in vielen Industrien fanden sich nicht genug Partnerunternehmen, die entsprechende Investitionen gerechtfertigt hätten.

Das Internet hat jedoch auch in diesem Bereich zu umfangreichen Änderungen beigetragen: Heutzutage steht ein weltweit verfügbares, sehr günstiges Kommunikations-
medium zur Verfügung (auch wenn die Sicherheit noch verbesserungsfähig ist). Die
Internet-Technologie-Standards (IP-Protokoll zur Datenübertragung, HTML-Spra-
che zur Datendarstellung) ermöglichen mit geringem Aufwand weltweit einen einheitlichen Zugriff auf die verschiedensten Inhalte.

Damit verringern sich die Barrieren zwischen Partnerunternehmen. Gerade in der
Mode- und Textilindustrie wird die Optimierung der gesamten Wertschöpfungskette
durch eine elektronische Anbindung der Partner möglich:

- Im *Rohmaterialeinkauf* (für passive Lohnveredelung) können Anfragen an
  Stoff- und Zutatenhersteller elektronisch gesendet werden. Der Hersteller kann
  eine eindeutige und schnelle Auskunft über Verfügbarkeit und Preis der
  gewünschten Ware geben. Einen beträchtlichen Aufwand stellt allerdings das
  aktuelle Vorhalten der korrekten Artikelnummern dar, da sich diese laufend
  ändern.
- In der *Produktionsplanung* können Informationen über Produktionskapazitäten und Preise von angebundenen Unternehmen abgerufen werden: Eine An-
  frage mit Details (Miniskizzen etc.) über die zu fertigenden Stücke wird elektronisch übertragen, der Zwischenmeister kann ein Angebot auf dem gleichen Weg
  in sehr kurzer Zeit zurücksenden. Die Daten bleiben eindeutig, d. h. es gibt keine
  Missverständnisse wie üblicherweise bei Telefonaten oder handschriftlichen
  Faxen. Außerdem kann vom System eine Vorselektierung der Produktionsbetriebe und Länder nach verschiedenen Kriterien vorgenommen werden.
- Die *Produktionssteuerung* profitiert ebenfalls von einer Online-Anbindung. Die
  angeschlossenen Betriebe berichten über verschiedene definierte Zwischen-
  stände im Produktionsverlauf elektronisch (z. B. Rohware eingetroffen, Einlauf
  Näherei etc.). Diese Daten werden in das Produktionssteuerungssystem übertra-
  gen, so dass im Idealfall für jedes einzelne Modell in jeder Farbe und Größe ein
  Verfügbarkeitsdatum vorliegt und das System vor allem bei Verzögerungen oder
  Produktionsausfällen rechtzeitig warnt. (Abb. 15a und 15b)
- Eigene *Points of Sales* oder *unabhängige Händler* können über elektronische
  Nachrichten eine *Lieferankündigung für die Ware* erhalten bzw. sich über eine
  geschützte Internetverbindung kontinuierlich über neue Trends und Produkti-
  onsfortschritte informieren. Damit kann Kunden eine bessere Auskunft über
  Verfügbarkeit von Modellen gegeben werden. Vor allem wird die Planung für
  Dekoration und Einbringen der Ware in die Läden erleichtert. Im Gegenzug wer-

den Abverkaufsdaten mindestens täglich übertragen, so dass eine zeitnahe Optimierung von Nachlieferungen und Umlagerungen für das gesamte Unternehmen möglich ist. Wenn das entsprechende Geschäftsmodell vorhanden ist, kann sogar ein neuer Produktionsvorgang für am Markt stark gefragte Modelle angestoßen werden.

Es bieten sich also durchgängig durch die Wertschöpfungskette Möglichkeiten, die *Prozesse zu vereinfachen, Fehlerquellen zu eliminieren, bessere Informationen* zur Verfügung zu stellen und vor allem die *Kosten zu senken*. Warum wird bei solchen Vorteilen eine solche Lösung nicht universell implementiert?

Die Hauptschwierigkeit ist dabei die Durchdringung des Systems bei den angeschlossenen Partnern. Da die gesamte Textil- und Bekleidungsindustrie sehr stark international agiert und einen im Vergleich zu anderen Branchen niedrigen Stand in der Automatisierung bzw. Verwendung von Informationstechnologie aufweist, muss bei fast jedem anzuschließenden Partner noch Pionierarbeit geleistet werden. Dies verursacht hohe Kosten für die Erschließung der Partner und zieht bei einer nur kleinen Zahl angebundener Partner einen höheren Aufwand nach sich, da sowohl die bekannte manuelle Abwicklung als auch die automatisierte gepflegt werden müssen. Nicht zu verschweigen sind auch die Anfangsinvestitionen für den Aufbau von Systemen, um die eingehenden elektronischen Informationen überhaupt verarbeiten zu können. Wie schon beschrieben, sind in der Industrie noch sehr viele ältere, proprietäre Softwaresysteme im Einsatz, bei denen einen Anbindung und Verarbeitung der Daten nur mit kontinuierlichem hohen Aufwand machbar ist. Diese Schwierigkeit gilt natürlich ebenfalls für Partnerunternehmen, die von den Vorteilen erst überzeugt werden müssen.

Trotz dieser Hürden ermöglicht gerade die enorme Standardisierung und Ubiquität der Internet-Technologien einen eleganten Ausweg: Über eine geschützte Verbindung im Internet (d. h. die Daten werden auf dem Weg durch das Internet verschlüsselt, so dass sie von Dritten nur schwer eingesehen werden können) werden sämtliche Informationen von Seiten des Partners über einen einfachen PC mit Internetanschluss und Browser übertragen. Die (gerade im Falle des Standards EDIFACT) kompliziert aufgebauten Daten werden in eine einfache, normal lesbare Form umgewandelt, die auf einer speziellen geschützten Internetseite dargestellt wird. Der Partner kann auf dieser Seite direkt Anfragen, Aufträge, Lieferankündigungen etc. einsehen und seinerseits Angebote, Produktionskapazitäten, Auftragsbestätigungen und Produktionsfortschritte eintippen. Auf diese Weise sind Partner in (fast) aller Welt mit geringen Investitionen, dafür aber etwas höherem manuellen Aufwand anzubinden.

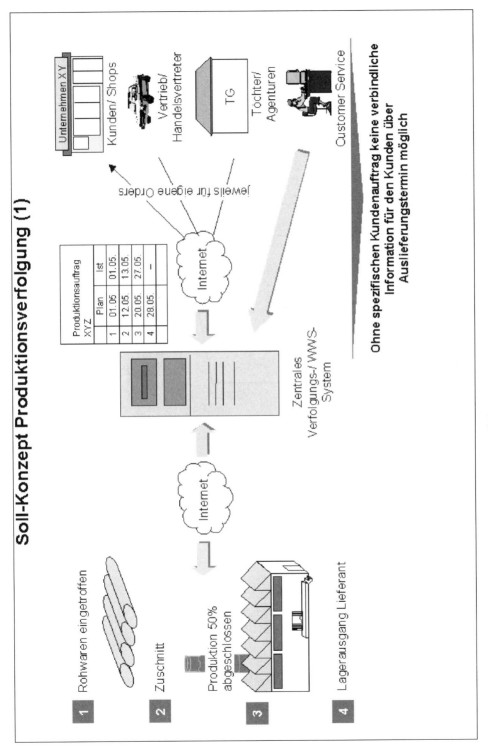

Abb. 15a: Mögliches Soll-Konzept Produktionsverfolgung

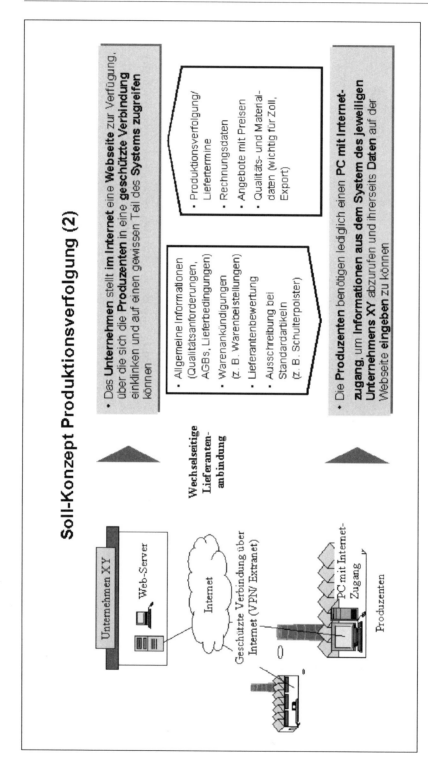

Abb. 15b: Mögliches Soll-Konzept Produktionsverfolgung

Für fortgeschrittene Partner bietet sich dann eine direkte Systemanbindung an, bei der die beiden Computersysteme direkt über EDI-Nachrichten eines gemeinsamen Standards miteinander vernetzt werden. Damit könnten Kapazitäten, Produktionsstände etc. des Partners mit geringer Verzögerung online abgerufen werden, was eine noch bessere, zeitnahe Kontrolle des Prozesses ermöglicht. In der Mode- und Textilindustrie in Deutschland sind erste Entwicklungen zur Nutzung dieser Vorteile schon seit einiger Zeit zu beobachten. Im Laufe der nächsten drei bis fünf Jahre wird jedoch ein Durchbruch erfolgen, sobald die Voraussetzungen bei den Herstellern und Händlern erfüllt sind und die Durchdringung der Technologie in der Branche ansteigt.

Zusammenfassend kann für den Business-to-Business-Bereich gesagt werden, dass durch EDI über Internet erhebliche Effizienzpotenziale in der unternehmensübergreifenden Wertschöpfungskette genutzt werden können. Die bisherigen Hindernisse, sprich die fehlende Infrastruktur und die hohen Kosten zum Anschluss von Partnerunternehmen, werden durch neue Internet-Technologien signifikant verringert, so dass ein Durchbruch bei der Nutzung von EDI bald erfolgen wird.

2.2.2 Efficient Consumer Response (ECR)

Eine unternehmensübergreifende Anwendung zur Nutzung von EDI ist Quick Response bzw. Efficient Consumer Response (ECR). Kerngedanke ist, die Informations- und Warenflüsse entlang der Wertschöpfungskette so zu organisieren, als würde es sich um ein einziges integriertes und vertikalisiertes Unternehmen handeln. Die Idee stammt aus der Lebensmittelbranche und wird dort bereits seit Jahren erfolgreich zwischen Unternehmen wie *Procter & Gamble* und *Unilever* auf der einen Seite und *Wal-Mart, Rewe* und *Metro* auf der anderen Seite in vielen Warengruppen praktiziert. Neben Umsatzsteigerungen in den Filialen aufgrund der besseren Warenverfügbarkeit konnten vor allem die Lagerumschlagsgeschwindigkeit erhöht sowie die Logistikkosten auf beiden Seiten deutlich gesenkt werden. Das Konzept bietet daher sowohl den Herstellern als auch den Händlern Vorteile. *ECR* besteht im Wesentlichen aus *vier Teilmodulen*. (Abb. 16)

Efficient Replenishment trägt durch intelligente, über EDI vernetzte Verkaufs- und Logistikkonzepte zu einer besseren Warenversorgung am POS bei. Efficient *Collections and Pricing* hat die Aufgabe, über die Abverkaufsinformationen bessere Ankerpreise und einen besseren Preislagenaufbau innerhalb der Warengruppen zu erreichen. Mit *Efficient Placement* geht es vor allem für den Händler um eine höhere Effizienz durch alternative Präsentationskonzepte in den Geschäften bzw. Filialen. *Efficient*

Promotions integriert die zunehmende Bedeutung von Sonderaktionen in das gesamte Saisongeschäft, insbesondere durch die Wirkungsanalysen bezüglich Zeitpunkt, Werbeprodukte etc. von Promotions.

In der Bekleidungs- und Textilbranche gibt es seit Mitte der 90er Jahre erste Ansätze, dieses strategische Konzept zu adaptieren. *Roland Berger & Partner* haben eine Reihe von Pilotprojekten durchgeführt, deren Erfahrungen zeigen, dass eine engere Verzahnung der Geschäftsprozesse zwischen Unternehmen insbesondere mit Hilfe der modernen Informationstechnologien möglich ist. Das Konzept lässt sich sowohl auf modische Ware als auch auf Basic-Artikel übertragen. Die wachsende Zahl von NOS(-Never-out-of-Stock)-Programmen, die zu einem großen Teil auf den beiden ersten Teilmodulen von ECR beruhen, zeigt, dass die Umsetzung in der Basic-Ware einfacher ist, da hier mehr Planungssicherheit besteht.

Grundvoraussetzung für den Erfolg von ECR ist ein effizienter Datenaustausch in beiden Richtungen. Dies kann sowohl zwischen Handel und Bekleidungshersteller als auch zwischen Bekleidungs- und Textilhersteller geschehen. Erste Ansätze, alle drei Wertschöpfungsstufen in das ECR-Konzept zu integrieren, haben Unternehmen zusammen mit *Roland Berger & Partner* ebenfalls durchgeführt. Nur der unmittelbare Informationsaustausch, wie er in einer vertikalisierten Kette, wie z.B. *Orsay*, aufgrund des Geschäftssystems de facto gegeben ist, schafft die nötige Schnelligkeit und Effizienz, um die richtige Ware am richtigen Ort zur richtigen Zeit bereitzuhalten. (Abb. 17)

In der Bekleidungsbranche wird das Konzept oft als *Quick-Response* bezeichnet. Leider wird bei den traditionellen Bekleidungsherstellern und -händlern im Unterschied zu den Bereichen Lebensmittel, Kosmetika und Toilettenartikel ECR nicht als Kern eines künftigen konsumentenorientierten Geschäftssystems verstanden, sondern bisher als Zusatz zu den üblichen tradierten Systemen im Verkauf und Einkauf praktiziert. Wie lässt sich nun ein solches auf schnelle Reaktionen ausgerichtetes System in das Tagesgeschäft integrieren?

Grundlage für ECR ist eine enge und langfristig angelegte Beziehung zwischen den beiden Partnern. Die Auswahl des geeigneten Partners ist daher ein wichtiger Erfolgsfaktor. (Abb. 18)

Dazu sollten ähnlich wie in der Automobil- und Lebensmittelbranche im ersten Schritt die Geschäftsvolumina für die einzelnen Warengruppen, wie z.B. Blusen, Hosen und Hemden, jährlich im Vorhinein ausgehandelt werden. Dies gibt allen Beteiligten Planungssicherheit. Darüber hinaus sollte man sich grob über die zu erwartenden sai-

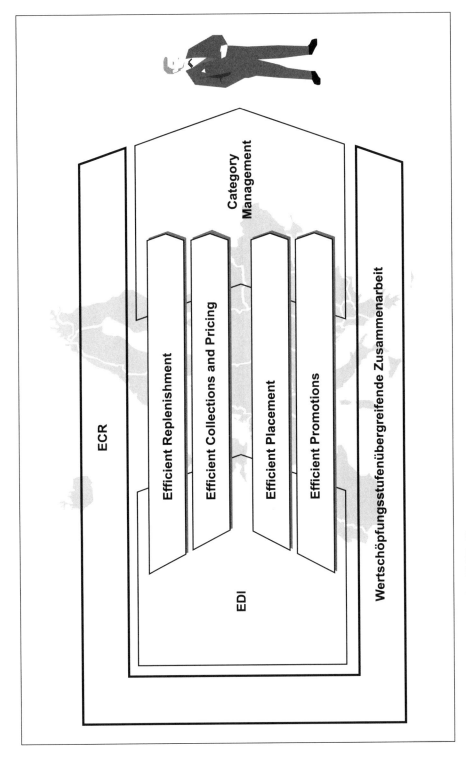

Abb. 16: Komponenten des ECR-Konzepts

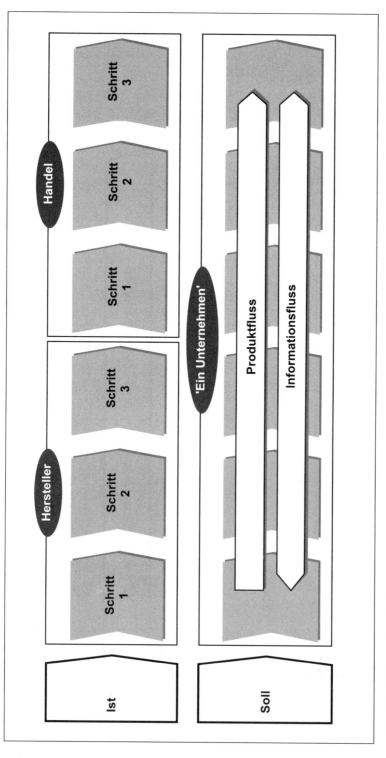

Abb. 17: ECR in der Bekleidungsbranche

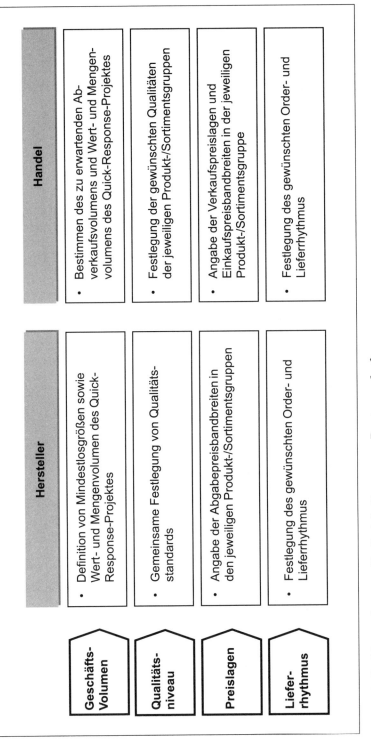

Abb. 18: Zielformulierung für Quick-Response-Partnerschaften

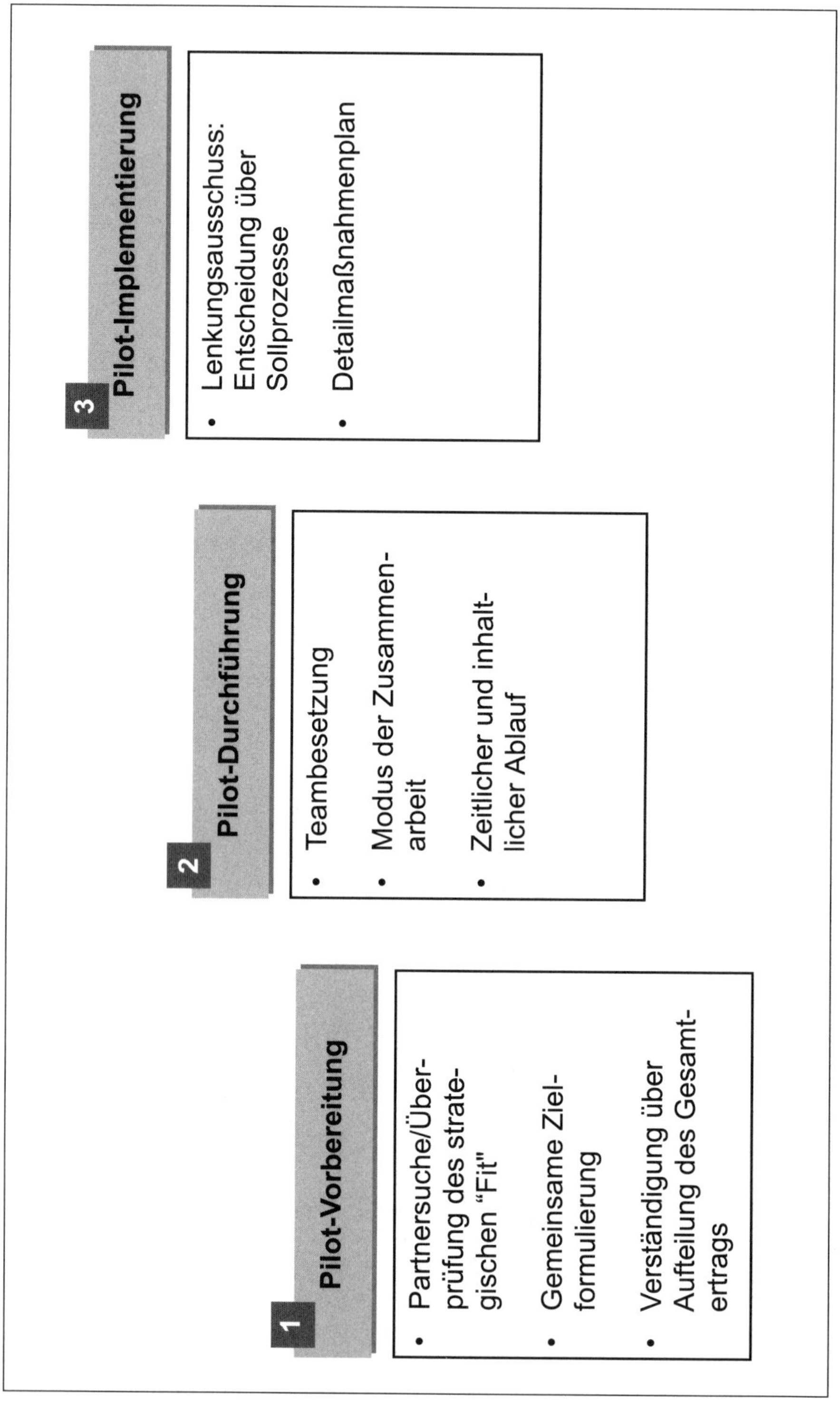

1 Pilot-Vorbereitung

- Partnersuche/Überprüfung des strategischen "Fit"
- Gemeinsame Zielformulierung
- Verständigung über Aufteilung des Gesamtertrags

2 Pilot-Durchführung

- Teambesetzung
- Modus der Zusammenarbeit
- Zeitlicher und inhaltlicher Ablauf

3 Pilot-Implementierung

- Lenkungsausschuss: Entscheidung über Sollprozesse
- Detailmaßnahmenplan

Abb. 19: Phasenplan eines Pilotprojektes ECR/Quick-Response

sonalen Absatzverschiebungen klar werden. Produktspezifika, wie Design, Farben und Größen, müssen jedoch keineswegs festgelegt werden, sondern sind Resultat des tatsächlichen Konsumentenverhaltens und der Abverkäufe.

Im nächsten, entscheidenden Schritt geht es darum, dass sich beide Partner gemeinsam über die Preiskorridore und Teilsortimente in den einzelnen Warengruppen verständigen. An dieser Stelle wird deutlich, dass der ECR-Ansatz zunehmend in ein modernes Warengruppen-Management (Category Management) integriert werden muss, um zum Erfolg zu führen. Die endgültige Entscheidung über die einzelnen Produkte liegt jedoch bei der nachgelagerten Stufe, z.B. dem Zentraleinkäufer eines Bekleidungsfilialisten. Der Lieferant hat nun die Aufgabe, die benötigten Artikel zu entwickeln und nach Aufnahme in das Sortiment entsprechend der Verkaufsplanung zu produzieren und bereitzustellen. (Abb. 19)

Es gibt eine Vielzahl von Einzelhändlern, die bereits einen elektronischen Datenaustausch (EDI) mit ihren Lieferanten praktizieren. Doch nur der integrierte Ansatz mit der Abstimmung der jeweiligen Modelle und voraussichtlichen Mengenbandbreiten erbringt die entscheidenden Kooperationseffekte. Wichtige Voraussetzung sind moderne EDV- bzw. Kassensysteme, die eine große Transparenz in das operative Geschäft bringen. Der Lebensmittelhandel und die großen SB-Warenhäuser haben in diesem Punkt in den letzten Jahren bereits erheblich investiert. Insbesondere der Bekleidungshandel hat hier jedoch teilweise noch erheblichen Nachholbedarf, um den strategischen Vorteil zu erlangen, den Kunden besser zu verstehen und den Lieferanten frühzeitig informieren zu können.